회사의 다양한 이해관계자들

회사의 주변에는 경영자, 종업원, 주주, 채권자, 과세당국 등 다양한 이해관계자들이 존재한다. 이러한 이해관계자들은 각자 자신들이 관심을 가지고 있거나, 자신들과 직·간접적으로 연관되어 있는 회사의 경영활동과 관련하여 자신들의 목적에 맞는 다양한 정보를 얻길 원한다.

회사는 이러한 이해관계자들의 다양한 목적을 충족시켜 주기 위해 회사의 경영활동에 관해 믿을 수 있는 정보를 제공해야 한다. 그리고 이를 위해 바로 '회계'라는 도구를 활용한다.

이해관계자	정보이용 목적
경영자	회사의 상황과 향후 경영계획을 어떻게 수립해야 할까?
종업원	회사가 안정적으로 운영될 수 있을까? 성과급은 얼마가 될까?
채권자	돈을 빌려주어도 되는 회사일까?
거래처	이 회사와 거래를 해도 될까?
주주	향후 주가와 올해 배당금은 얼마나 될까?
과세당국	올해 세금은 얼마나 걷을 수 있을까?

내가 원하는 정보를 어떻게 얻을 수 있을까?

회사의 다양한 이해관계자들은 각자의 목적에 맞게 회계정보를 얻고자 한다. 이러한 이해관계자들은 각자가 원하는 회계정보들을 어떻게 습득할 수 있을까?

재무제표
쉽게 읽기

재무제표 쉽게 읽기

2018년 8월 24일 초판 발행
2025년 9월 12일 3판 발행

지 은 이 ｜ 이창희
발 행 인 ｜ 오연관
발 행 처 ｜ 삼일피더블유씨솔루션
등록번호 ｜ 1995. 6. 26 제3－633호
주　　소 ｜ 서울특별시 용산구 한강대로 273 용산빌딩 4층
전　　화 ｜ 02)3489－3100
팩　　스 ｜ 02)3489－3141
가　　격 ｜ 20,000원

ISBN　979-11-6784-434-7　93320

― 작성은 어려워도 읽기는 쉬운 ―

재무제표 쉽게 읽기

회계사 이창희 지음

SAMIL | 삼일인포마인

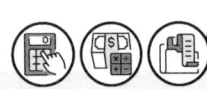

"돈, 숫자, 계산"

이 단어들은 보통 사람들에게 '회계' 하면 떠오르는 이미지가 무엇인지를 물어볼 때 많이 하는 답변들입니다.

'회계는 너무 복잡하고 어려워요.'

'조직생활을 하는 데 있어서 회계가 중요하다고 해서 공부를 좀 해보려고 하는데 어떻게 시작을 해야 할지 모르겠어요.'

회계를 처음 접하는 사람들이 많이 하는 고민들입니다. 많은 사람들이 '회계는 어렵다'라는 선입관을 가지고 있습니다. 설령 어떤 계기로 굳은 마음을 먹고 회계공부를 시작한다 하더라도, 불과 며칠이 지나지 않아 선천적으로 회계는 나랑 맞지 않는다고 생각하고 회계공부를 포기하게 됩니다.

그렇다면 회계는 과연 정말 어려운 것일까요? 솔직하게 말하면 회계는 회계사인 필자가 생각해도 어렵긴 합니다. 복잡한 회계기준뿐만 아니라 낯설기만 한 계정과목들, 복식부기, 숫자, 계산 등 회계전공자가 아니면 듣기만 해도 거부감이 드는 것이 사실입니다. 따라서 그동안 사람들이 회계공부를 시작하고 포기하기를 반복한 것도 어찌 보면 자연스러운 현상일 수 있습니다.

그렇다면 다시 한번 질문을 해보겠습니다. 회계는 정말 어려운 것일까요?

아닙니다. 회계는 어렵지 않습니다. 왜 갑자기 말장난을 하는 건가 생각할 수도 있지만, 우리가 회계를 공부하고자 하는 목적에 따라서 회계는 어려울 수도 있고 그렇지 않을 수도 있습니다. 우선 회계가 무엇인지 먼저 알아보도록 하겠습니다.

회계란 회사의 경영활동에 관심을 갖는 다양한 이해관계자가 합리적인 의사결정을 할 수 있도록 경영활동을 기록하고 추적하여 회사에 관한 유용한 정보를 측정하여 전달하는 과정입니다.

이 정의를 보면 회계가 다소 어렵게 느껴지겠지만 위의 내용을 좀 더 쉽게 말하자면, 회사에 대해 관심이 있는 사람들에게 회사에 대한 다양한 재무정보를 생성하고 전달하는 것이 '회계'입니다.

그럼 회계는 왜 어렵게 느껴지는 것일까요?

위에서도 언급하였듯이 회계에는 두 가지 측면이 존재합니다. 첫 번째는 회사의 경영활동 등을 기록·요약하는 과정이며, 두 번째는 그렇게 해서 작성된 정보를 이해하고 해석하는 과정입니다.

우리들이 회계를 어려워하는 이유는 바로 회계정보를 생성하고 작성하는 부분이 어렵고 난해하기 때문입니다. 하지만 회계정보를 생성하고 작성하는 것은 회계팀이나 재무팀에서 고민해야 할 부분입니다. 회계팀이나 재무팀은 당연히 회계기준에 대한 이해를 하고 있어야 하며, 복식부기를 비롯한 회계정보의 작성 원리를 파악하고 있어야 합니다. (안타깝지만 재무직군이나 회계직군에서 일하시는 분들은 회계에 대해 좀 더 심도 있게 공부를 해 주셔야 합니다.)

반면 회계정보를 작성하는 입장이 아닌 작성된 정보를 이해하고 해석을 해야 하는 입장이라면, 구체적인 회계처리보다는 계정과목이 가지고 있는 의미와 이를 어떤 식으로 해석해야 하는지에 보다 더 집중을 해야 합니다. 그리고 이것이 바로 이 책을 들고 있는 독자들이 회계를 공부하는 이유입니다.

다시 정리를 해보겠습니다. 회계정보를 생성하고 작성해야 하는 회계는 일반인이 접근하기에 어려울 수도 있습니다. 하지만 이미 작성된 정보를 해석하는 회계는 우리들도 충분히 할 수 있습니다.

유명한 심리학 용어 중에 앵커링 효과(Anchoring effect)라는 것이 있습니다. 배가 닻(anchor)을 내리면 닻과 배를 연결한 밧줄의 범위 내에서만 움직일 수 있듯이, 처음에 제시된 하나의 이미지가 기억에 박혀버려 그 이후에 내려지는 모든 판단이 처음에 제시되었던 이미지에 영향을 받게 되는 현상입니다.

회계는 어렵다고 생각하면 한도 끝도 없이 어려운 학문이 될 수 있습니다. 하지만 우리가 공부하고자 하는 회계는 어렵지 않습니다. 모든 회계 지식을 다 공부할 필요는 없습니다. 기본적인 계정과목의 의미가 무엇인지, 그리고 이러한 계정과목을 해석할 때에는 어떤 점을 유의해야 하는지 생각해 보고 당장 써먹을 수 있고 필요한 회계만 공부하면 됩니다. 이 책이 회계가 어렵다는 선입관을 깨는 데 조금이나마 일조를 하게 되기를 기원합니다.

마지막으로 본서가 나올 수 있도록 도와주신 삼일피더블유씨솔루션 임직원분들께 감사의 말씀을 드리며, 묵묵히 응원해 주시는 부모님과 항상 옆에서 힘이 되어 주는 아내 승현과 두 아들 재성, 재준에게도 사랑한다는 말을 전하고 싶습니다.

2025년 9월

저 자

차례

회계의
기본개념 잡기

인생은 한 권의 책과 같다.
어리석은 사람은 대충 책장을 넘기지만,
현명한 사람은 공들여서 읽는다.
그들은 단 한 번밖에 읽지 못하는 것을
알기 때문이다.

- 장 파울 -

Chapter 1 회계를 왜 알아야 하지?

우리는 회계를 왜 공부하려고 할까?

이 책을 들고 있는 독자가 누구인지 생각해 보자. 현재 회사를 다니고 있는 직장인일 수도 있고, 아니면 취업을 준비하고 있는 학생일 수도 있다. 개인사업을 하고 있는 경영자일 수도 있으며, 주식투자를 하고 있는데 좀 더 체계적으로 투자를 하고자 하는 사람일 수도 있다.

이렇게 다양한 사람들이 각자의 목적에 맞게 회계 공부를 하고자 한다.

직장인을 예로 들어보자. 직장생활의 가장 큰 목표는 바로 승진이다. 예전에야 시간이 지나면 자연스레 승진 대상에 포함이 되었겠지만 요즘은 연차만 되었다고 승진을 시켜주는 시대가 아니다. 회사에서 인정을 받아야만 승진을 할 수 있는데, 직장에서 인정을 받기 위한 가장 좋은 방법은 어떤 방식으로든 자신이 회사에 도움이 되는 인재라는 것을 증명하는 것이다. 그리고 이러한 것을 증명하기 위한 가장 쉬운 방법이 바로 회계를 아는 것이다.

만약 어떤 회사에서 분기 손실이 발생하여 대책회의를 진행하고 있다고 생각해 보자. 사장의 질책에 두 명의 팀장이 각각 다음과 같이 대답을 하였다.

"죄송합니다. 부서원들을 독려하여 실적을 개선하도록 최선을 다하겠습니다."

"이번 분기 영업 손실은 5천만 원입니다. 영업 손실이 발생하게 된 이유는 전기 대비 매출액은 2억 원 감소한 반면 판매비와관리비는 오히려 3천만 원이 증가되었기 때문입니다. 매출이 감소한 주요원인으로는... "

이 두 사람 중 누가 사장에게 인정받게 될지는 불 보듯 뻔하다.

취업이나 이직을 준비하는 사람들도 마찬가지이다. 회사에 입사하기 위해 면접을 준비하는 입장이라면 당연히 내가 지원하는 회사에 대한 기본적인 내용들은 미리 파악을 해 두어야 한다.

인터넷 검색이나 지인들의 이야기만 듣고는 회사를 이해하기 위한 정보가 부족하다. 이때 많이 활용이 될 수 있는 것이 회사의 사업보고서와 재무제표이다. 뒤에서도 다시 언급하겠지만, 회사가 속한 산업의 업황부터 주요 제품·주요 원재료·주요 설비 등 회사에 대한 전반적인 내용들은 사업보고서를 통해서 파악할 수 있으며, 이에 대한 재무적인 정보를 제공하는 것이 바로 재무제표이다.

만약 회사의 경영자가 의사결정을 내리기 위해 회사에 대한 정보가 필요하다고 생각해 보자. 경영자는 어떤 식으로 회사에 대한 정보를 습득할 수 있을까? 경영자는 회사의 중요한 사항들에 대해 계속 보고를 받으며, 추가로 필요한 정보가 있으면 직원들이 경영자를 위해 원하는 데이터를 가공하여 전달해 주기 때문에 원하는 정보를 맞춤형으로 전달받을 수 있다.

하지만 회사의 경영진이 아니라면 필요한 정보를 어떻게 습득할 수 있을까? 만약에 회사의 주주가 원하는 정보를 얻기 위하여 회사에 연락하여 정보를 제공해 달라고 하면 어떤 일이 벌어질까? 자료를 요청한 주주가 대주주이거나 영향력을 미칠 수 있는 주주인 경우라면 필요로 하는 정보를 쉽게 얻을 수 있을 것이다. 하지만 일반적인 소액주주라면 어떻게 될까? 아마 자료를 얻는 것이 쉽지만은 않을 것이다.

하지만 소액주주들도 의사결정을 내리기 위해서는 회사에 대한 정보가 필요한데 이들은 어떻게 회사에 대한 정보를 습득할 수 있을까? 이때 사용하게 되는 정보습득 도구가 바로 재무제표이다.

재무제표는 회사에 대한 각종 상황들을 정형화된 양식으로 작성한 보고서이다. 이러한 재무제표는 회사 외부로 공시가 되기 때문에 우리들은 이러한 재무제표를 통해 회사에 대한 각종 상황들을 파악하고, 회사에 대한 정보들을 습득할 수 있게 된다.

다만 그러기 위해서는 이러한 재무제표에 나와 있는 숫자와 공시내용이 무엇을 의미하는지, 그리고 이러한 정보들이 전달하고자 하는 바가 무엇인지 이해하고 해석할 수 있는 능력을 갖추어야 한다.

정보제공의 수단 재무제표

　　회사는 여러 가지 경영활동을 하며 이러한 활동들이 기록되고 요약되어 정보라는 것이 만들어지게 된다. 이러한 정보들은 회사 주변에 있는 여러 이해관계자들에게 전달된다. 그리고 회사에 대해 관심이 있는 사람들에게 회사의 재산변화 등에 관한 다양한 재무정보를 생성, 전달하는 것이 바로 회계이다.

　　이때 정보를 제공하기 위한 수단으로 재무제표를 사용하게 된다. 재무제표(Financial Statements : F/S)란 말 그대로 기업의 재무정보를 제공하는 여러 가지 표를 말한다.

　　즉, 재무제표는 기업이 일정기간(이를 '회계기간'이라고 부르며 보통 1년 단위로 정함)을 주기로 하여 작성하는 재무정보에 관한 각종의 보고서로서, 회계기간 말의 재무상태에 관한 정보와 당해 특정 회계기간 동안의 경영성과 등의 정보를 담고 있다.

일정 규모 이상 되는 회사들은 주먹구구로 회사를 운영할 수 없기 때문에 회사의 현재 상황을 파악하고 경영에 활용할 목적으로 재무제표를 작성하게 된다. 그리고 정보의 비대칭을 해소하기 위해 정보공개가 강조되고 있는 요즘 상황에서 회사는 법률에 근거하여 의무적으로 이러한 정보들을 회사 외부로 투명하게 공개해야 한다.

이렇게 재무제표라는 정보전달 도구가 회사 외부로 공개되다 보니 회사에 대한 정보가 필요한 사람은 재무제표를 통해 회사의 현재 상황에 대해 파악할 수 있다. 그리고 현재 상황을 파악함으로써 향후 회사가 미래에 어떠한 방향으로 나아가고자 하는지 방향성을 예측하는 데 도움을 줄 수 있다.

따라서 재무제표라는 훌륭한 정보제공의 도구를 이해하고 활용할 필요가 있으며 이것이 바로 회계를 공부하고 재무제표를 분석하는 이유이다.

재무제표는 어디서 확인할까?

기업을 분석하기에 앞서 우선 재무제표를 어디서 찾을 수 있는지 알아야 한다. 기업의 재무제표는 전자공시시스템(http://dart.fss.or.kr), 증권사 포털사이트, 기업의 홈페이지 등 다양한 경로를 통해 얻을 수 있다.

재무제표를 직접 찾아보자

그럼 이제부터 금융감독원에서 운영하는 '전자공시시스템'을 통해 실제 재무제표를 찾는 연습을 해보자. 유가증권시장에 상장되어 있는 회사나 전년도 말 기준으로 자산이 120억 원을 넘어가는 등 일정 규모 이상 되는 회사들은 재무제표를 전자공시시스템에 의무적으로 공개하게 되어 있다. 따라서 우리는 이 사이트를 통해 원하는 회사의 재무제표를 찾아볼 수 있다.

우선 포털사이트에서 전자공시시스템이라고 입력을 하여 전자공시시스템 화면으로 들어가 보자. 그러면 다음과 같은 화면을 볼 수 있을 것이다.

예를 들어 삼성전자의 재무제표를 찾아보도록 하자.

상장사의 경우에는 우선 사업보고서를 찾아보아야 한다. 사업보고서란 정보이용자들을 위해 회사의 전반적인 상황에 대해 보고서를 작성해 놓은 것으로 상장회사의 경우에는 무조건 사업보고서를 공시해야 한다. 이러한 사업보고서에 첨부서류로 감사보고서가 포함되어 있다.

회사명에 '삼성전자'를 입력하자. 상장사의 경우에는 사업보고서를 먼저 찾아야 하기 때문에 하단에 있는 박스 중에 '정기공시'를 체크하면 새로운 창이 나오는데 화면에서 '사업보고서'를 체크하자.

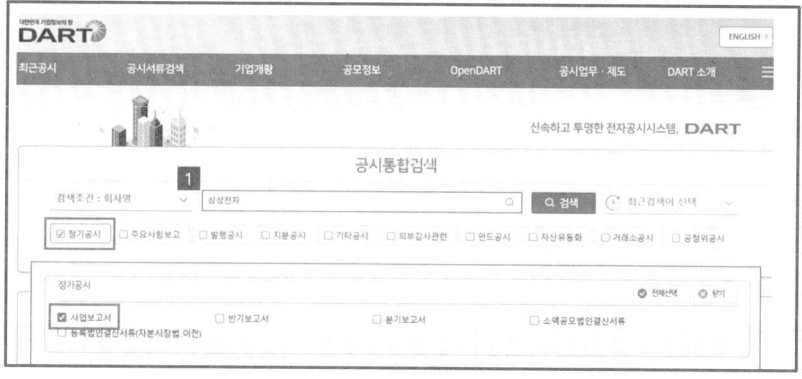

그 이후에 검색 버튼을 눌러보면 회사의 사업보고서를 검색할 수 있다. 사업보고서에서 첨부서류 항목을 눌러보면 감사보고서가 첨부되어 있는 것을 알 수 있다.

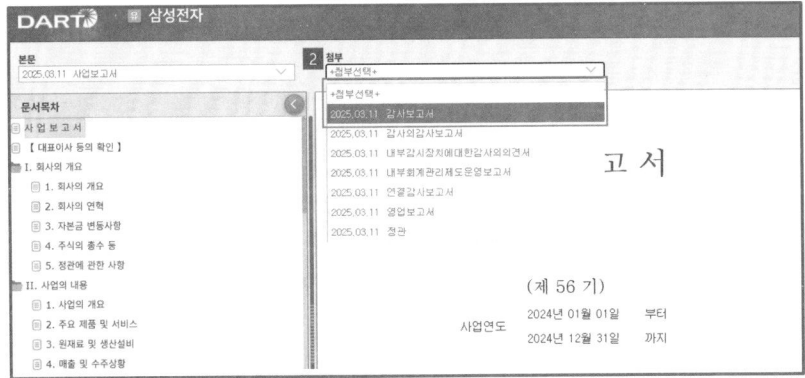

감사보고서를 찾은 이후 감사보고서의 왼쪽을 보면 첨부서류로 재무제표가 들어가 있는 것을 알 수 있다.

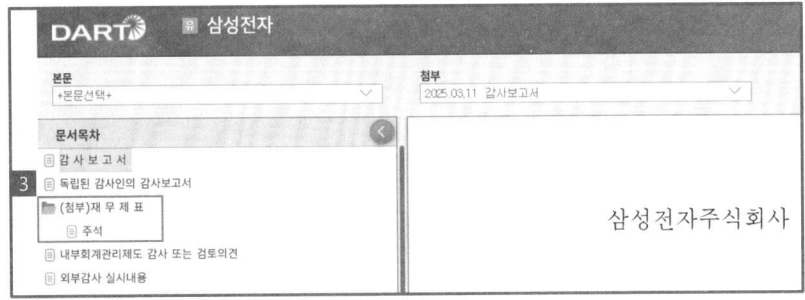

상장사가 아닌 경우에는 전자공시시스템에서 바로 감사보고서를 검색할 수 있다. 그리고 마찬가지로 감사보고서의 첨부서류로 재무제표를 확인할 수 있다. 처음에는 재무제표를 찾는 방법이 조금 복잡해 보이지만 몇 번만 해보면 금방 익숙해질 것이다.

사업보고서의 활용

유가증권시장에 상장되어 있는 회사들은 사업에 대한 상황과 재무상황 및 경영실적 등 기업에 대한 내용을 일반투자자들에게 정기적으로 공개함으로써, 합리적인 투자판단자료를 제공하고 증권시장에서 공정한 가격형성이 이루어지도록 하기 위해 사업보고서를 제출하게 된다.

사업연도 말이 경과한 후 90일 이내에 사업보고서를 제출해야 하며, 분기·반기 말이 경과 후 45일 이내에 반기보고서(사업연도 개시일로부터 6개월간의 보고서) 및 분기보고서(사업연도 개시일로부터 3개월 및 9개월간의 보고서)를 금융위원회와 한국거래소에 제출하여야 한다.

사업보고서에는 회사의 개요, 사업내용, 임원보수, 이사회 등 회사의 기관 및 계열회사현황, 주주에 관한 사항, 임직원에 관한 사항, 이해관계자와의 거래내용, 재무에 관한 사항 및 그 부속명세, 감사인의 감사의견 등을 기재하여야 한다.

우선 회사의 개요를 통해 회사가 어떤 사업을 하는지 파악해야 한다. 수출을 주로 하는 기업인지, 내수 위주의 기업인지, 경기에 민감한 사업인지, 경기변동을 덜 타는 사업인지 확인해야 한다. 대규모 설비가 필요한 사업인지, 원자재 가격에 민감한지, 성장성이 높은 사업인지 등도 회사의 개요를 통해 확인할 수 있다.

다음으로 사업의 내용을 파악하면 회사의 전반적인 내용에 대해서 이해를 할 수 있다. 사업의 내용에는 기본적으로 회사가 속한 업종에 대한 업황부터 해서 산업자료와 주요 제품이나 주요 원재료 등의 내용 및 가격추이, 사업부문별 요약재무정보, 주요생산설비 및 가동률, 경영상의 주요계약현황 등에 대한 정보들을 습득할 수 있다.

따라서 어떠한 회사의 기본적인 내용을 이해하고자 할 때에는 사업보고서를 참고하면 회사를 파악하는 데 많은 도움이 된다. 또한 어떤 업종에 대해 이해를 하고자 한다면, 해당 업종에 속한 대표회사들의 사업보고서를 분석하게 되면 사업보고서에 나와 있는 각종 산업자료들을 통해 업종에 대한 기본 내용들을 이해할 수 있다.

기업을 지켜주는
안전벨트 - 유동자산

재무제표 쉽게 읽기

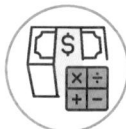

Chapter 3 재무제표를 간단히 알아보자

앞서 살펴본 바와 같이 회사는 주주, 채권자, 거래처 등과 같은 이해관계자들에게 회사의 경영활동과정에 관한 정보를 전달하기 위해 재무제표를 작성하여 제공하고 있다. 이러한 재무제표가 구체적으로 전달하는 정보는 어떤 것들인지 살펴보기로 하자.

재무제표는 제공하는 정보의 종류에 따라 각각 재무상태표, 손익계산서, 현금흐름표, 자본변동표, 주석으로 구성된다.

재무제표의 종류	정보
재 무 상 태 표	일정 시점의 재무상태를 보고
손 익 계 산 서	일정 기간의 재무성과를 보고
현 금 흐 름 표	일정 기간의 현금 유출입 내역을 보고
자 본 변 동 표	자본의 크기와 변동에 관한 정보 보고
주 석	재무제표상에 필요한 추가적인 정보 보고

기업의 현재상황을 알려주는 재무상태표

재무상태표(Statement of Financial Position)는 일정시점에 있어서 회사의 재산상태를 나타내는 보고서이다. 여기에서 재산상태란 현금이나 토지, 건물, 기계장치 등 회사가 소유하고 있는 재산에 해당하는 자산(asset)과, 동 자산을 구입한 자금의 출처에 따라 타인에게서 조달한 부채(liability) 및 회사의 실질적 소유자인 주주로부터 조달한 자본(owner's equity)을 의미한다.

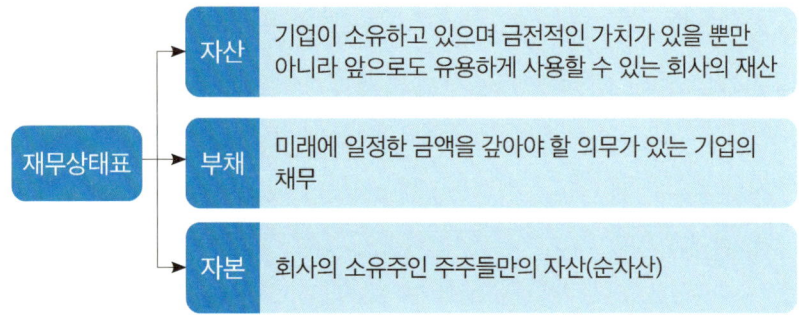

재무상태표	자산	기업이 소유하고 있으며 금전적인 가치가 있을 뿐만 아니라 앞으로도 유용하게 사용할 수 있는 회사의 재산
	부채	미래에 일정한 금액을 갚아야 할 의무가 있는 기업의 채무
	자본	회사의 소유주인 주주들만의 자산(순자산)

예를 들어 어떤 사람이 10억 원짜리 아파트를 한 채 산다고 가정해보자. 이 아파트를 전부 자기 돈으로 매입하면 좋겠지만, 자기 돈이 6억 원밖에 없다면 부족한 자금 4억 원을 금융기관 등으로부터 빌리게 된다. 이때 10억 원짜리 아파트가 자산이 되며, 이 자산을 구입하게 된 자금 중에 은행으로부터 빌린 돈 4억 원이 부채가 된다. 그리고 실제 이 사람의 자금인 6억 원이 자본이 된다.

즉, 재무상태표는 회사의 일정시점에 있어서 재무상태를 자산, 부채, 자본으로 구별하여 나타내는 보고서이다.

① 재무상태표		
② 20××년 12월 31일 현재		
③ ××회사		④ 단위 : 원
자산	부채	
	자본	

재무상태표에는 ① 표의 명칭(재무상태표) ② 작성시점(20××년 12월 31
일) ③ 상호(기업의 명칭) ④ 측정단위를 표시하여야 한다.

재무상태표를 통해 자금조달과 운영을 확인하자

위 그림을 보면 재무상태표의 오른쪽 부분에는 부채와 자본이 있는
데, 부채와 자본은 사업을 하기 위한 자금을 어떻게 조달하였는지, 조달
측면을 보여준다. 그리고 왼쪽에는 자산 항목이 있는데 이 부분은 조달
한 자금을 어떻게 활용히였고, 운영하였는지를 보여준다.

이처럼 재무상태표를 보면 기입이 보유한 자산의 내역과 동시에 자
산을 구입하기 위한 자금의 출처내역을 한꺼번에 파악할 수 있다. 재무
상태표에서 자산의 보유내역 뿐만 아니라 그 자금의 원천을 한꺼번에
보여주는 이유는 무엇일까?

여러분이 은행에서 돈을 빌려주는 위치에 있다고 가정해 보자. 아래
그림처럼 재무상태표상에 10억 원의 자산을 보유하고 있는 다음의 두
기업이 여러분에게 대출 신청을 하는 경우 어느 기업에 대출해 주는 것
이 좋을까?

<A기업의 재무상태표>		
자산 10억 원	부채 4억 원	
	자본 6억 원	

<B기업의 재무상태표>		
자산 10억 원	부채 6억 원	
	자본 4억 원	

두 기업은 모두 식품을 제조하여 판매를 하고 있으며, 매출이나 이익의 규모도 비슷한 상태이다. 또한 사용하고 있는 기계장치와 공장규모도 거의 비슷하여 외형만 보고는 어느 기업이 좋은지 판단하기 어려운 상황이다.

그러나 재무상태표를 확인할 수 있다면 두 기업의 차이점을 쉽게 알 수 있을 것이다. 부채의 비율이 더 높은 B기업의 경우는 A기업에 비해서 앞으로 갚아야 할 돈, 즉 상환 의무가 훨씬 높은 상황이다. 따라서 다른 조건이 동일하다고 가정하면, 상대적으로 부채가 적은 A기업에 대출해 주는 것이 보다 안정적일 것이다.

이와 같이 한 기업의 재무상태를 제시할 때는 단순히 자산의 내역뿐만 아니라 이들 자산의 자금조달원천까지 함께 보고해야 이해관계자의 의사결정에 보다 유용한 정보가 될 수 있다.

그렇기 때문에 재무상태표를 분석할 때, 우선 자산의 전체 금액을 확인하여 회사의 외형이 어느 정도 되는지 확인하고, 부채와 자본의 구성 비율을 살펴봄으로써 이러한 자산을 형성하기 위해 자금조달은 어떠한 방식으로 구성을 하였는지 큰 그림을 확인한 이후에 세부적인 계정과목의 내용들을 확인해야 한다.

경영성과를 알 수 있는 손익계산서

손익계산서(Income Statement)는 일정 기간 동안에 발생한 모든 수익과 이에 대응하는 모든 비용을 적정하게 표시함으로써 기업의 경영성과를 명확히 보고하기 위한 표이다.

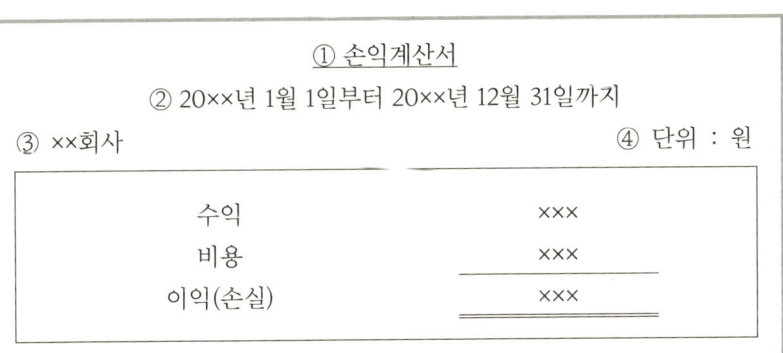

① 손익계산서	
② 20××년 1월 1일부터 20××년 12월 31일까지	
③ ××회사	④ 단위 : 원
수익	×××
비용	×××
이익(손실)	×××

손익계산서에는 ① 표의 명칭(손익계산서) ② 작성기간(20××년 1월 1일부터 20××년 12월 31일까지) ③ 상호(기업의 명칭) ④ 측정단위를 표시하여야 한다.

손익계산서를 크게 보면 수익에서 비용을 차감하여 이익이 나오는 구조로 되어 있다. 수익이란 한마디로 회사의 경영활동의 결과로서 발생하는 경제적 효익의 총유입을 말한다. 제품을 판매하여 얻은 매출이나, 서비스를 제공하고 받은 용역수수료 등이 대표적인 수익항목이다.

재미있는 것은 경영활동으로 꼭 돈이 들어와야만 수익을 인식하는 것이 아니라는 것이다. 외상으로 물건을 판매하거나 기존에 있던 빚을 탕감하는 대가로 물건을 판매하는 것과 같이, 직접 현금이 들어오지 않더라도 회계상으로는 수익을 인식하게 된다. 이를 발생주의원칙이라고 하는데, 수익은 현금의 수수와는 관계없이 발생되었을 때 인식하게 된다.

비용이란 수익을 얻기 위해 지출하거나 사용한 자원의 유출을 의미한다. 매출한 물품의 원가 또는 판매에 따른 수수료, 광고선전비, 운반비 등과 같은 것이다.

수익과 마찬가지로 비용도 경영활동으로 꼭 돈이 나가야만 비용을 인식하는 것이 아니다. 지급할 돈을 외상으로 처리하거나 사전에 구입한 자산을 사용하는 등과 같이 직접 현금이 지출되지 않는 경우도 비용으로 인식하는 경우가 있다.

수익에서 비용을 빼고 남은 것이 바로 이익이다. 생각보다 많은 사람들이 수익과 이익을 헷갈려 한다. 예를 들어 3천 원을 주고 사온 딸기를 5천 원에 딸기주스로 만들어서 판매하였다면 수익은 딸기주스 판매가인 5천 원이며, 이익은 실제 내 수중에 남게 된 2천 원이라고 생각하면 된다.

재무상태표와 손익계산서의 관계

앞에서 살펴본 것처럼 재무상태표는 일정 시점에서 재무상태를 보고하는 것이고 손익계산서는 일정 기간 동안의 경영성과를 보고하는 것이다. 즉, 재무상태표는 6월 30일, 12월 31일 등 특정한 시점에서의 회사의 재산상태가 어떠한지를 보여주는 재무제표이다.

반면 손익계산서는 1월 1일부터 6월 30일, 1월 1일부터 12월 31일 등 일정 기간 동안에 어떠한 일이 있었는지를 나타내 주는 재무제표이다.

따라서, 일정 기간을 나타내는 손익계산서는 일정시점을 나타내는 재무상태표를 엮어 주는 역할을 하게 된다. 그렇기 때문에 재무제표를 분석할 때, 재무상태표와 손익계산서의 상관관계를 이해하면서 같이 분석해야만 제대로 분석을 할 수 있다.

예를 들어, 1월 1일 자산 3억 원, 부채 1억 원, 자본 2억 원의 재무상태로 사업을 시작하였다. 1월 1일에서 12월 31일까지 수익 5억 원과 비용 3억 원이 발생하였다고 가정하자. 12월 31일 회사의 재무상태는 어떻게 변했을까?

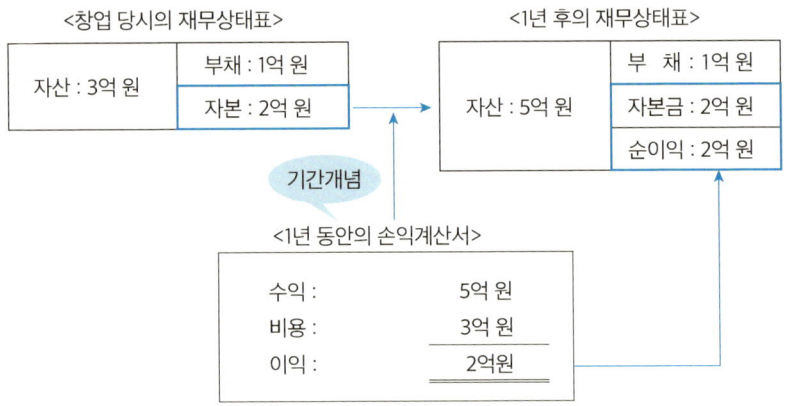

회사가 사업을 통해서 이익을 창출하게 되면 이 이익을 회사의 주인인 주주가 가져가게 된다. 그리고 주주에 대한 몫이 바로 재무상태표의 자본항목이다.

즉, 수익에서 비용을 차감한 이익금액은 회사의 기초 자본에 가산된다. 그렇기 때문에 추가적인 자본의 변화가 없다면 기말 재무상태표는 자산 5억 원, 부채 1억 원, 자본 4억 원이 된다. 그리고 기업이 이익을 계속 창출하게 되면 자본이 계속 증가되는 식으로 재무상태표는 점점 확대 재생산될 것이다.

실질적인 자금사정을 알려주는 현금흐름표

현금흐름표란 기업의 자금수급 현황을 보여주는 표로서, 일정기간 동안에 현금의 변동내용을 명확하게 보고하기 위하여 작성되는 재무제표이다.

앞서 수익과 비용을 설명할 때 현금의 유출입이 없더라도 수익과 비용을 인식할 수 있다고 하였다. 즉, 수익이 있더라도 실제는 회사로 돈이 들어오지 않을 수도 있고 비용이 있더라도 회사에서 돈이 나가지 않을 수도 있는 것이다. 따라서 이러한 차이를 설명하기 위해서 현금흐름표라는 재무제표를 작성하게 된다.

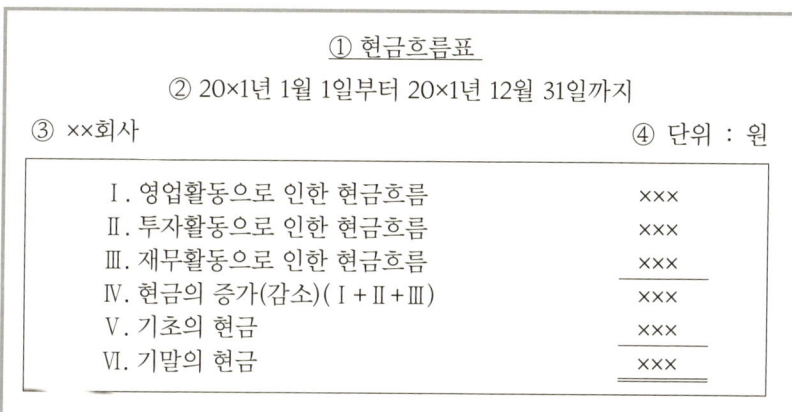

① 현금흐름표
② 20×1년 1월 1일부터 20×1년 12월 31일까지

③ ××회사   ④ 단위 : 원

I. 영업활동으로 인한 현금흐름	×××
II. 투자활동으로 인한 현금흐름	×××
III. 재무활동으로 인한 현금흐름	×××
IV. 현금의 증가(감소)(I+II+III)	×××
V. 기초의 현금	×××
VI. 기말의 현금	×××

현금흐름표에는 ① 표의 명칭(현금흐름표) ② 회계기간(20×1년 1월 1일부터 20×1년 12월 31일까지) ③ 상호(기업의 명칭) ④ 측정단위를 표시하여야 한다.

현금흐름표를 확인하면 어떤 일들로 인해 현금이 유입되고 사용되었는지 알 수 있으며, 기말 현재 기업이 사용할 수 있는 돈이 얼마나 남아있을지 알 수 있기 때문에 재무상태표, 손익계산서와 더불어 꼭 확인을 해야 하는 재무제표이다.

현금흐름표에서는 회사의 모든 활동을 영업활동, 투자활동, 재무활동으로 구분하며, 각각의 활동별로 돈이 얼마나 들어왔고 나갔는지에 대한 정보를 제공해 준다.

주주에 대한 몫을 알려주는 자본변동표

자본변동표(Statement of Changes in Equity)란 기업의 재무상태표에 표시되어 있는 자본의 변화내역을 자본구성요소별로 보여주는 재무보고서이다. 자본은 자산에서 부채를 차감한 기업의 잔여지분을 의미하므로 주주에게는 매우 유용한 재무정보이다. 따라서 이러한 자본이 전기와 당기에 어떻게 변화되었는지를 자세하게 보여줄 필요가 있는 것이다.

추가적인 정보를 제공해 주는 주석

주석은 재무제표 본문에 표시된 정보를 이해하는 데 도움이 되는 추가적인 정보를 제공한다. 중요한 회계방침이나 자산 및 부채에 대한 구체적 정보에 대한 설명 등과 같은 내용이 주석에 포함되어 있다. 주석은 재무제표가 제공하는 정보를 이해하는 데 필수적인 요소로서 회계기준에 따라 작성된 재무제표의 중요한 부분이다.

요즘에는 정보의 비대칭을 해소하기 위해 최대한 많은 정보를 공시하도록 하는 분위기이다. 이에 따라 주석의 양이 점점 증가하고 있는데 그만큼 주석에 중요한 정보들이 많이 포함되어 있다. 하지만 주석의 양이 너무 많아지다 보니 일반 사람들이 보기에는 부담이 되는 것이 사실이다.

재무제표에 포함된 모든 주석을 처음부터 다 살펴보면 재무분석에 도움이 되는 것은 분명한 사실이다. 하지만 그렇게 하기에는 부담이 될 수밖에 없기 때문에 본서에서는 우선 기본적인 계정과목들에 대해 어떤 식으로 해석을 해야 하는지를 먼저 설명할 것이다. 그러고 나서 반드시 챙겨보아야 할 주석 항목을 따로 언급하도록 할 것이다.

우선 이렇게 언급 드릴 주석 항목들을 먼저 살펴보고, 여유가 되면 나머지 주석들을 살펴보는 식으로 분석을 하면 부담이 좀 줄어들 것이다.

회사는 세 가지 경영활동을 한다

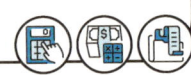

재무상태표와 손익계산서는 가장 기본이 되는 재무제표이다 보니 재무제표를 분석할 때에도 우선 이 두 재무제표를 통해 회사의 상황에 대한 큰 그림을 먼저 그려 보아야 한다.

기업은 여러 가지 활동들을 하면서 영업을 하기 위해 필요한 자금을 조달하게 되며, 이렇게 조달한 자금들을 사업에 투자하게 된다. 그리고 이러한 투자를 바탕으로 이익을 창출하게 된다. 우리가 앞서 배워본 재무상태표와 손익계산서는 회사의 이러한 활동에 대해 간단히 파악할 수 있게 해준다.

우선 회사가 사업을 하기 위한 필요 자금을 어떻게 조달했는가를 알기 위해서는 재무상태표의 부채와 자본 부분을 살펴보면 된다. 성격은 다르지만 부채와 자본은 모두 회사 입장에서 필요한 자금을 조달할 때 발생되는 항목들이다. 그리고 이렇게 조달한 자금을 회사가 어떻게 운영을 했는지 활용 측면을 알고 싶다면 재무상태표의 자산 부분을 살펴보면 된다.

이렇게 형성된 자산으로 회사가 사업을 영위하게 될 것이며 이를 바탕으로 경영 실적이 어떠한지를 알고 싶다면 손익계산서를 살펴보면 된다.

따라서 재무상태표와 손익계산서를 통해 먼저 기업의 이러한 활동들에 대해 파악해 보고 세부적인 분석에 들어가면 회사를 보다 빨리 이해할 수 있게 된다.

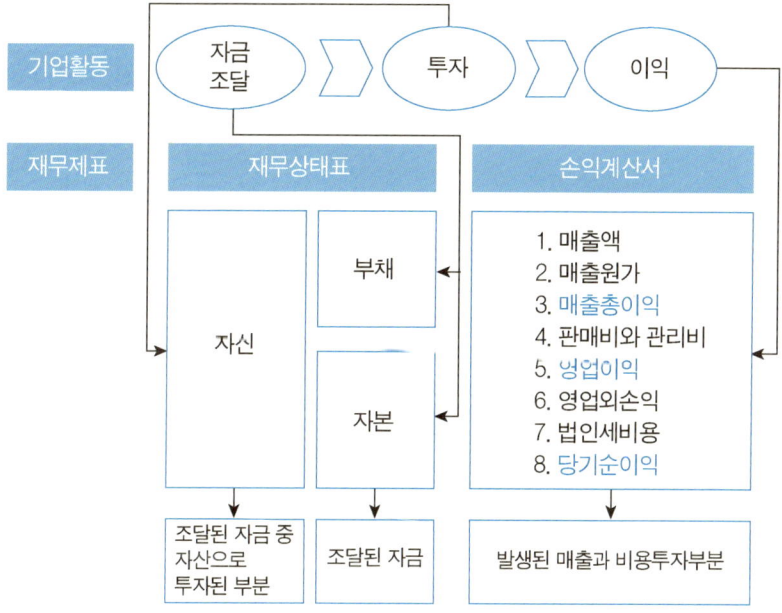

회계감사는 무엇인가?

기업들은 재무제표를 작성하여 다양한 분야에 활용을 한다. 재무제표를 통해 경영활동에 필요한 자료를 얻기도 하고, 투자자를 모집하거나 금융기관으로부터 자금을 차입하기 위해 재무제표를 외부 공표용으로 제시할 수도 있다. 어떤 목적이 되었든 회사는 자신들의 재무제표를 스스로 작성하게 되는데 이러다 보니 중대한 문제점이 발생하게 된다.

분식회계란?

재무제표를 회사가 직접 작성하다 보니 아무래도 회사의 상황에 대해 실제 상황보다 좋게 표시하고자 하는 유인이 발생할 수밖에 없다. 사실 회계기준에서도 회계 정책 중 선택할 수 있는 항목들이 있으며, 재무제표 작성 시 추정을 하는 경우가 많이 발생하기 때문에 회사의 상황에 유리한 방향으로 재무제표를 작성하는 것이 어느 정도는 허용된다. 다만 이것이 정도를 지나쳐서 회계기준과 어긋나는 방향으로 재무제표를 작성하게 될 수 있는데, 이것이 우리가 흔히 말하는 분식회계가 된다.

회계감사는 왜 필요한가?

만약 회사의 규모가 그리 크지 않고 관련된 이해관계자들이 많지 않다면 분식으로부터 발생하게 되는 부작용이 그리 크지 않을 수도 있다. 하지만 회사의 규모가 일정 수준 이상이 되어 이해관계자가 많다면 재무제표의 분식으로 인해 발생하게 되는 피해가 심각할 수도 있다.

따라서 이러한 피해를 막기 위하여 일정 규모 이상 되는 회사들은 의무적으로 회사 외부의 독립된 존재로부터 회사의 재무제표에 대해 검증을 하게 하는 외부감사 제도를 운영하고 있는데, 이것이 바로 회계감사 제도이다. 즉, 재무제표의 작성은 회사가 하고 이렇게 작성된 재무제표가 회계기준에 부합한지에 대해 회사 외부의 회계사들이 검증을 하는 것이다.

우리나라의 경우에는 다음 사항에 해딩하기 되면 법적으로 회계감사를 받아야 한다.

- 주권상장법인 및 상장예정법인
- 직전 사업연도 말 자산총액이나 매출액이 500억 원 이상인 회사
- 다음 요건 중 2가지 이상에 해당되는 회사
  - ㉠ 직전 사업연도 말의 자산총액이 120억 원 이상
  - ㉡ 직전 사업연도 말의 부채총액이 70억 원 이상
  - ㉢ 직전 사업연도의 매출액이 100억 원 이상
  - ㉣ 직전 사업연도 말의 종업원이 100명 이상

감사보고서를 알아보자

이러한 회계감사의 결과 회계사들은 회사 재무제표에 대해 감사보고서를 작성하게 된다. 따라서 재무제표를 분석하는 입장에서 가장 먼저 선행할 것이 바로 이러한 감사보고서의 확인이다. 감사보고서는 회사 재무제표에 대해 회계사들이 검증한 결과물이기 때문에 만약 재무제표가 잘못 작성되어 있고, 이러한 사항들에 대해 지적을 하였으나 재무제표에 제대로 반영이 되어 있지 않으면 그런 내용들을 감사보고서에 표시하게 된다.

감사보고서에 지적 사항이 많고 분식 정도가 심하다면 당연히 재무제표에 대한 신뢰성이 떨어질 것이며, 그러한 재무제표는 더 이상의 분석이 무의미할 수 있다. 따라서 본격적인 재무제표 분석을 하기에 앞서 우선 감사보고서의 감사의견을 확인하는 것이 선행되어야 한다.

감사보고서에는 감사대상이 무엇인지, 경영자의 책임이나 감사인의 책임은 무엇인지, 그리고 감사의견이 어떻게 되는지 등의 정보가 나와 있다. 여기에서 우리에게 필요한 정보는 앞서 언급하였듯이 감사의견의 확인이다.

감사의견을 확인하자

감사보고서에서 회사의 외부감사인은 재무제표에 대한 의견을 표명하게 되는데 이를 감사의견이라고 한다. 감사의견은 크게 네 가지이며 적정의견, 한정의견, 부적정의견, 의견거절이 있다.

우선 감사보고서를 보고 재무제표가 어떠한 감사의견을 받았는지 파악할 수 있어야 한다. 이를 위해 감사의견의 표준 문구를 알아보고, 각각의 감사의견이 어떤 의미를 가지는지 알아보도록 하자.

(1) 적정의견

> **감사의견**
>
> 우리의 의견으로는 별첨된 회사의 재무제표는 회사의 20X1년 12월 31일과 20X0년 12월 31일 현재의 재무상태와 동일로 종료되는 양 보고기간의 재무성과 및 현금흐름을 한국채택국제회계기준에 따라 중요성의 관점에서 **공정하게 표시**하고 있습니다.

적정의견은 회사의 재무제표가 회계기준에 따라 적정히 작성되었을 경우에 받게 되는 감사의견이다. 적정의견을 받은 재무제표는 정보이용자가 의사결정을 하는 데 있어서 회사의 재무제표를 신뢰하여 분석에 이용할 수 있다는 의미이다.

(2) 한정의견

> **감사의견**
>
> 우리의 의견으로는 별첨된 회사의 재무제표는 **한정의견 근거** 단락에 기술된 사항이 미치는 영향을 **제외하고는** 회사의 20X1년 12월 31일 현재의 재무상태와 동일로 종료되는 보고기간의 재무성과 및 현금흐름을 한국채택국제회계기준에 따라 중요성의 관점에서 공정하게 표시하고 있습니다.

한정의견은 재무제표의 일부분이 회계기준에서 정하는 방법대로 처리되지 않은 경우에 받는 감사의견이다. 적정을 받은 재무제표보다 신뢰성이 떨어지며, 정보이용자의 의사결정에 부정확한 정보를 포함하고 있기 때문에 한정의견을 받은 재무제표는 분석을 할 때 주의를 할 필요가 있다.

(3) 부적정의견

감사의견

우리의 의견으로는 별첨된 회사의 재무제표는 이 감사보고서의 **부적정의견 근거 단락에 기술된 사항의 유의성 때문에** 회사의 20X1년 12월 31일 현재의 재무상태, 동일로 종료되는 보고기간의 경영성과 및 현금흐름을 한국채택국제회계기준에 따라 중요성의 관점에서 **공정하게 표시하고 있지 아니합니다.**

부적정의견은 회사의 재무제표가 회계기준을 심각하게 위반하여 재무제표에 신뢰성을 부여할 수 없는 경우에 받는 감사의견이다. 이 재무제표를 이용할 경우 의사결정을 잘못할 확률이 매우 높을 때 제시하는 감사의견이다.

(4) 의견거절

감사의견

우리는 별첨된 회사의 재무제표에 대하여 **의견을 표명하지 않습니다.** 우리는 이 감사보고서의 의견거절근거 단락에서 기술된 사항의 유의성 때문에 재무제표에 대한 감사의견의 근거를 제공하는 충분하고 적합한 감사증거를 입수할 수 없었습니다.

마지막으로 의견거절은 아예 감사를 진행하지 못하였거나, 충분하고 적합한 감사증거를 확보할 수 없는 경우에 받게 되는 감사의견이다. 회사의 장부기재가 부실하거나 감사인에게 자료제출 거부 등의 사유로 감사를 원활하게 진행하지 못한 경우인데, 그만큼 회사가 떳떳하지 못한 경우가 많기 때문에 재무제표 자체를 신뢰할 수 없는 경우이다.

이러한 감사의견 중에 당연히 적정의견을 받은 재무제표를 분석해야 한다. 다른 의견을 받은 재무제표는 아무래도 재무제표 자체의 신뢰성이 떨어지기 때문이다.

| 감사의견의 종류 |

적정의견	• 감사인과의 독립성을 유지할 것 • 감사범위의 제한이 없거나 중요하지 않은 경우 • 재무제표에서 회계기준 위배사항이 없거나 중요하지 않은 경우
한정의견	• 재무제표의 일부가 회계기준에서 정하는 방법대로 회계처리되지 않아 정보이용자의 의사결정에 적절하지 못한 정보를 포함하고 있고, 이로 인한 재무제표에 미치는 영향이 중요한 경우
부적정의견	• 회사의 재무제표가 회계기준을 심각하게 위배하여 정보이용자가 그대로 그 재무제표를 이용할 경우 의사결정을 잘못할 확률이 매우 높을 때 제시하는 감사의견
의견거절	• 회사의 장부기재가 부실하거나 자료제출 거부 등의 사유로 재무제표의 신뢰성에 대한 의견표명에 필요한 충분한 감사증거를 수집하지 못하였을 경우

감사의견의 표준 문구를 보면 알 수 있겠지만 재무제표가 회계기준에 부합하게 작성되면 적정의견을 받게 된다. 하지만 그렇지 못하다면 한정의견이나 부적정의견, 혹은 아예 감사를 제대로 진행하지 못한 경우에는 의견거절을 받을 수 있다.

만약 회사가 감사의견 중 적정의견을 받지 못하게 된다면 상장사의 경우에는 관리종목에 지정되거나 상장폐지가 될 수도 있다. 상장사가 아니더라도 대출에 제약이 생기는 등 기업 운영에 상당한 제약이 생길 수 있다.

따라서 감사의견은 그 자체만으로 기업의 존속 가능성에 영향을 줄 수 있는 항목이기 때문에 반드시 감사의견을 먼저 확인해 보고 재무제표를 분석하길 바란다. 그리고 만약 분석 대상 회사가 적정의견을 받지 못하였다면 더 이상의 분석은 의미 없는 행위가 될 수 있다.

독립된 감사인의 감사보고서

삼성전자 주식회사
주주 및 이사회 귀중

감사의견

우리는 별첨된 삼성전자주식회사(이하 "회사")의 재무제표를 감사하였습니다. 해당 재무제표는 2024년 12월 31일과 2023년 12월 31일 현재의 재무상태표, 동일로 종료되는 양 보고기간의 손익계산서, 포괄손익계산서, 자본변동표 및 현금흐름표 그리고 중요한 회계정책 정보를 포함한 재무제표의 주석으로 구성되어 있습니다.

우리의 의견으로는 별첨된 회사의 재무제표는 회사의 2024년 12월 31일 및 2023년 12월 31일 현재의 재무상태와 동일로 종료되는 양 보고기간의 재무성과 및 현금흐름을 한국채택국제회계기준에 따라 중요성의 관점에서 공정하게 표시하고 있습니다.

우리는 또한 회계감사기준에 따라, 「내부회계관리제도 설계 및 운영 개념체계」에 근거한 회사의 2024년 12월 31일 현재의 내부회계관리제도를 감사하였으며, 2025년 2월 18일자 감사보고서에서 적정의견을 표명하였습니다.

감사의견근거

우리는 대한민국의 회계감사기준에 따라 감사를 수행하였습니다. 이 기준에 따른 우리의 책임은 이 감사보고서의 재무제표감사에 대한 감사인의 책임 단락에 기술되어 있습니다. 우리는 재무제표감사와 관련된 대한민국의 윤리적 요구사항에 따라 회사로부터 독립적이며, 그러한 요구사항에 따른 기타의 윤리적 책임을 이행하였습니다. 우리가 입수한 감사증거가 감사의견을 위한 근거로서 충분하고 적합하다고 우리는 믿습니다.

핵심감사사항
핵심감사사항은 우리의 전문가적 판단에 따라 당기 재무제표 감사에서 가장 유의적인 사항들입니다. 해당 사항들은 재무제표 전체에 대한 감사의 관점에서 우리의 의견형성 시 다루어졌으며, 우리는 이런 사항에 대하여 별도의 의견을 제공하지는 않습니다.

중략

재무제표에 대한 경영진과 지배기구의 책임
경영진은 한국채택국제회계기준에 따라 이 재무제표를 작성하고 공정하게 표시할 책임이 있으며, 부정이나 오류로 인한 중요한 왜곡표시가 없는 재무제표를 작성하는 데 필요하다고 결정한 내부통제에 대해서도 책임이 있습니다.
경영진은 재무제표를 작성할 때, 회사의 계속기업으로서의 존속능력을 평가하고 해당되는 경우, 계속기업 관련 사항을 공시할 책임이 있습니다. 그리고 경영진이 기업을 청산하거나 영업을 중단할 의도가 없는 한, 회계의 계속기업 전제의 사용에 대해서도 책임이 있습니다.

재무제표감사에 대한 감사인의 책임
우리의 목적은 회사의 재무제표에 전체적으로 부정이나 오류로 인한 중요한 왜곡표시가 없는지에 대하여 합리적인 확신을 얻어 우리의 의견이 포함된 감사보고서를 발행하는 데 있습니다. 합리적인 확신은 높은 수준의 확신을 의미하나, 감사기준에 따라 수행된 감사가 항상 중요한 왜곡표시를 발견한다는 것을 보장하지는 않습니다.

후략

삼성전자의 감사보고서를 살펴보면 기본적으로 '감사의견'과 '감사의견 근거', '핵심감사사항'과 '재무제표에 대한 경영진과 지배기구의 책임', '재무제표에 대한 감사인의 책임' 등이 나와 있다. 그리고 결론인 감사의견을 확인해 보면 한국채택국제회계기준에 따라 감사를 진행한 결과, '적정의견'을 받은 것을 확인할 수 있다.

감사의견을 파악하면서 한 가지 더 유의해야 할 것이 있다. 바로 핵심 감사 사항인데, 이는 회계 감사인이 감사를 진행하는 과정에서 가장 중요하게 여기는 사항들이다. 다시 말하면 해당 회사에 대해 회계 감사를 진행하면서 중요하거나 위험이 크다고 판단한 부분에 대해 서술함으로써 핵심적인 재무 정보를 정보이용자에게 알리기 위한 부분으로 생각하면 된다.

이러한 핵심감사사항은 감사의견과는 별도로 핵심 항목에 대해 감사인이 수행한 감사 내역을 감사보고서에 표시함으로써, 이를 통해 감사보고서에 '적정' 등 단순한 감사 의견을 제시하는 것을 넘어서 더 적극적으로 기업의 중요사항이나 위험에 대해 알리고자 하는 것이다.

이에 따라 선정된 핵심감사사항은 감사인이 담당 기업의 해당 기간 재무제표에서 가장 유의해야 한다고 판단한 내용들이다. 예를 들어 유동성 부족 등의 부정적인 자금동향이나 주요수익인식방법에 대한 검증, 거래처의 채무, 노조 파업, 특허 만료 등 기업 경영에 중요한 내용들이 포함된다.

감사의견과 관련된 오해사항

감사의견과 관련하여 사람들이 많이 하는 오해가 몇 가지 있다.

우선 첫 번째로는 적정의견을 받은 회사의 재무상태나 경영성과가 양호하다고 오해하는 것이다.

감사의견이라고 하는 것은 회사의 재무제표가 신뢰성이 있는지, 회계기준과 차이가 나는 부분이 있는지 등에 대해 의견을 제시하는 것이다. 즉, 회사가 재무상태가 별로 좋지 못하고 경영성과가 안 좋은 경우라도 그러한 사항을 있는 그대로 재무제표에 표시하면 충분히 적정의견을 받을 수 있는 것이다. 다시 말해 적정의견을 받았다 하더라도 몇 개월 후에 회사가 망할 수도 있기 때문에 재무제표를 해석할 수 있는 능력을 길러야 하는 것이다.

두 번째로 적정의견을 받은 재무제표는 정확하다는 오해이다. 예를 들어 1조 원의 자산을 보유하고 있는 회사가 실제로는 9,999억 원의 자산을 보유하고 있었으며, 1억 원의 자산이 과대계상되었다고 가정해 보자. 이 회사가 1억 원의 자산을 과대계상하였으므로 감사의견으로 적정의견을 받지 못할 것인가?

상식적으로 생각하여 과대계상된 자산이 전체 자산 대비 미미한 수준이라면 의사결정을 할 때에도 큰 영향을 미치지 못할 것이다. 이러한 경우에도 충분히 적정의견을 받을 수 있다. 말 그대로 감사의견 자체가 모든 것이 정확하다는 의미인 '정확의견'이 아니라 '적정의견'이기 때문이다.

Chapter 6

회계기준은 한 가지가 아니다?

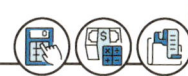

한국채택국제회계기준(K-IFRS) vs 일반기업회계기준

우리나라는 현재 두 가지 회계기준이 병행되고 있다. 상장법인과 주요 금융기관 등이 사용하는 회계기준인 한국채택국제회계기준(K - IFRS)과 비상장법인 등이 사용하는 일반기업회계기준이 그것이다.

국제회계기준의 도입취지

국제회계기준은 말 그대로 회계기준을 나라별로 따로 두지 말고 전 세계를 하나의 회계기준으로 통일하자는 취지에서 유럽연합(EU)을 중심으로 만들어진 회계기준이다. 그리고 우리나라도 이에 부응하여 한국채택국제회계기준을 2011년도부터 상장법인 중심으로 의무적으로 적용하도록 하고 있다.

국제회계기준을 도입함으로써 전 세계적으로 기업들에 대한 비교가능성을 높이고 우리나라에서 늘 문제가 되고 있는 회계투명성을 강화하여 회계정보의 투명성을 높이고자 하는 것이 바로 한국채택국제회계기준의 도입 취지였다.

일반기업회계기준의 필요성

국제회계기준은 우리나라만의 특화된 회계처리기준을 인정하지 않기 때문에 중소기업이나 비상장기업의 경우 부담이 크고, 회계시스템을 바꾸는 것에 대한 현실적인 어려움이 있었다.

따라서 상장사가 아니거나, 필수로 한국채택국제회계기준을 적용해야 하는 회사가 아니라면 국제회계기준이 아닌 기존의 회계기준을 준용한 일반기업회계기준을 적용할 수 있다(물론 비상장법인도 필요하다면 한국채택국제회계기준의 도입은 얼마든지 가능하다).

이처럼 우리나라는 두 가지 회계기준이 병행되고 있으므로 우선 회사가 어떠한 회계기준을 사용하고 있는지를 파악해야 한다(감사보고서의 경영자의 책임문단이나 감사의견문단을 확인하면 사용하고 있는 회계기준을 파악할 수 있다).

| 한국채택국제회계기준에 따른 회사 예시 |

감사의견

우리의 의견으로는 별첨된 회사의 재무제표는 회사의 20X1년 12월 31일과 20X0년 12월 31일 현재의 재무상태와 동일로 종료되는 양 보고기간의 재무성과 및 현금흐름을 **한국채택국제회계기준**에 따라 중요성의 관점에서 공정하게 표시하고 있습니다.

감사의견

우리의 의견으로는 별첨된 회사의 재무제표는 회사의 20X1년 12월 31일과 20X0년 12월 31일 현재의 재무상태, 동일로 종료되는 양 보고기간의 재무성과 및 현금흐름을 **일반기업회계기준**에 따라 중요성의 관점에서 공정하게 표시하고 있습니다.

국제회계기준의 세 가지 특징

국제회계기준은 크게 세 가지 주요 특징을 가지고 있다.

첫 번째 특징은 연결재무제표가 주 재무제표라는 것이다. 법적인 실체가 독립적으로 구성되어 있는 회사라도 실제적으로는 하나의 회사인 경우가 있을 수 있다.

예를 들어 A라는 회사와 B라는 회사가 있는데 A회사가 B회사의 지분의 50%를 초과하여 보유하고 있다고 가정해 보자. 특별한 조건이 없다면 A회사는 B회사의 최대주주가 되기 때문에 B회사를 사실상 지배하고 있는 경우이다.

이러한 경우에 법적인 실체는 각각 구분되어 있지만, 경제적 실질을 놓고 볼 때 A회사와 B회사를 하나로 판단하는 것이 더 합리적일 수 있다. 연결재무제표는 이러한 상황에 있어서 A회사와 B회사를 합쳐서 한 회사처럼 바라보는 재무제표이다.

두 번째 특징은 재무제표의 항목들을 최대한 공정가치로 표시한다는 점이다. 기존의 재무상태표는 자산, 부채의 표시금액을 취득하였을 때 당시의 금액으로 표시하는 것이 원칙이었다. 하지만 이렇게 계상되어 있는 가치는 현재 가치와는 다를 수밖에 없다. 이러한 경우 국제회계기준에서는 최대한 현재 가치에 맞게 공정가치평가를 하도록 하여 재무제표가 최대한 현재의 상황을 잘 보여줄 수 있도록 하고 있다.

세 번째 특징은 원칙 중심의 기준을 사용한다는 것이다. 회계기준을 전 세계적으로 통일하려고 하다 보니 다양한 국가에서 각 상황에 맞는 회계처리기준을 제시하는 것이 사실상 불가능하다. 따라서 어떠한 사안에 대해 상세한 회계처리 방법을 제시하는 것이 아니라 기본 원칙을 제시하는 원칙 중심의 회계처리기준을 채택하고 있다.

| 한국국제회계기준의 특징 |

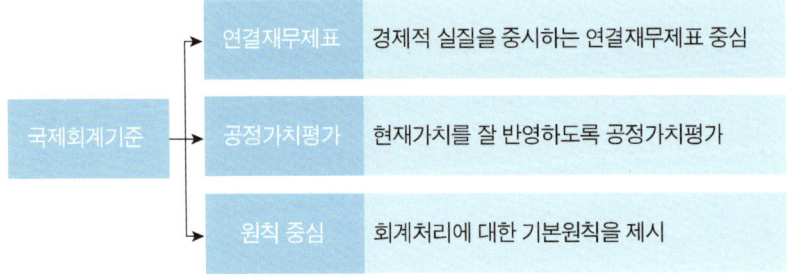

국제회계기준 → 연결재무제표 : 경제적 실질을 중시하는 연결재무제표 중심
공정가치평가 : 현재가치를 잘 반영하도록 공정가치평가
원칙 중심 : 회계처리에 대한 기본원칙을 제시

재무제표 쉽게 읽기

어떤 길들은 계속 따라가고
다른 길들은 포기해야 했다.
하지만 최악은 그게 아니었다.

제일 나쁜 것은 자신의 선택을 평생 의심하며
그 길을 가는 것이었다.

- 파울로 코엘료 -

자산의 구분을 알아보자

기업은 미래에 수익을 창출하기 위해 적절한 자산을 확보해야 한다. 그리고 이렇게 확보한 자산을 활용하여 수익을 창출한다. 즉, 자산은 기업을 운영하기 위해 필요한 경영의 도구들이다. 당연히 이러한 자산을 어떻게 구성하고 활용하는지에 따라 기업의 성패가 달라지게 된다. 따라서 재무제표를 분석하는 입장에서도 회사가 자산구성을 어떤 식으로 하고 있는지, 그리고 이러한 자산 계정과목들을 분석할 때 어떠한 점을 유의해야 하는지 미리 파악해 둘 필요가 있다.

유동자산과 비유동자산

A회사			B회사		
자산 10억 원	부채 3억 원		자산 10억 원	부채 4억 원	
	자본 7억 원			자본 6억 원	

위의 그림처럼 A, B 두 회사가 있다고 가정해 보자. A, B 두 회사는 같은 업종이며 주요 제품 역시 동일하다. 발행된 주식 수와 한 주당 주가 역시 동일하다. 다만 A 회사는 부채가 3억 원, 자본이 7억 원이고, B 회사는 부채가 4억 원, 자본이 6억 원이다. 만약에 여러분들이 투자자

라고 한다면 A와 B 회사 중에 어떤 회사에 투자를 할 것인가?

조건이 모두 동일하다고 한다면 당연히 A회사에 투자한다고 할 것이다. 왜냐하면 자본은 회사의 주주에 대한 몫을 나타내는데, A회사와 B회사의 주가가 동일한 상태라면 한 주당 자본이 더 큰 A회사가 유리할 것이기 때문이다. 다시 말해 다른 조건이 동일하다면 자본이 더 큰 A회사가 상대적으로 B회사보다 저평가되어 있기 때문이다.

이 상태에서 두 회사에 대한 추가적인 정보를 제공해 보도록 하자. A회사의 자산은 10억 원인데 이 자산 중에 1년 이내에 현금화가 될 가능성이 높은 자산은 1억 원이고, 1년 이후에 현금화가 될 가능성이 높은 자산은 9억 원이다. 마찬가지로 A회사의 부채는 3억 원인데 이 중 1년 이내에 현금이 유출될 가능성이 높은 부채가 2억 원, 1년 이후에 현금이 유출될 가능성이 높은 부채는 1억 원이라고 해 보자.

반면에 B회사의 자산 10억 원 중 1년 내에 현금화가 될 가능성이 높은 자산은 3억 원, 1년 이후에 현금화가 될 가능성이 높은 자산은 7억 원이다. 마찬가지로 B회사의 부채는 4억 원인데 1년 이내에 현금이 유출될 가능성이 높은 부채가 2억 원, 1년 이후에 현금이 유출될 가능성이 높은 부채는 2억 원이다.

이러한 추가적인 정보가 제공된다면 여러분은 두 회사 중 어떤 회사에 투자를 할 것인가?

A회사					
자산		10억 원	부채		3억 원
유동자산	1억 원		유동부채	2억 원	
비유동자산	9억 원		비유동부채	1억 원	
			자본		7억 원

B회사					
자산		10억 원	부채		4억 원
유동자산	3억 원		유동부채	2억 원	
비유동자산	7억 원		비유동부채	2억 원	
			자본		6억 원

이런 상황이라면 투자자들의 의견이 나누어지게 될 것이다. 자본에 대한 가치를 더 중시하는 투자자는 이러한 상황에서도 A회사에 투자를 할 것이다. 하지만 안정성을 중시하는 투자자라면 의견을 바꿀 가능성이 높다. A회사 같은 경우에는 1년 이내에 유입될 현금보다 1년 이내에 유출될 현금이 더 많을 수 있기 때문에 안정성에 의심이 간다고 판단하여 B회사에 투자를 할 것이다.

사실 이에 대한 정답은 없다. 결국 투자라는 것은 본인의 주관적인 판단이기 때문이다. 하지만 분명한 것은 재무상태표를 작성할 때 그냥 자산 10억 원, 부채 3억 원, 자본 7억 원이라고 표시하는 것보다 자산은 10억 원인데 그 중에서 1년 이내에 현금화가 될 가능성이 높은 자산과 1년 이후에 현금화가 될 가능성이 높은 자산은 얼마인지 구분 지어 주는 것이 보다 많은 정보를 제공한다는 사실이다.

재무제표는 결국 정보이용자들에게 유용한 정보를 제공하기 위해서 작성이 된다. 따라서 재무상태표는 그냥 작성하는 것이 아니라 유동성에 따른 구분을 하여 작성을 한다. 즉, 자산과 부채 항목 중에서 1년 이내에 현금화되는 자산 및 1년을 초과하더라도 정상적인 영업주기 내에 실현될 것으로 예상되는 자산을 유동자산으로 분류하며, 그 외의 자산은 비유동자산으로 분류한다.

부채도 마찬가지로 1년 또는 정상영업주기 이내에 지급하여야 하는 것을 유동부채로 분류하며, 그 외의 부채는 비유동부채로 분류한다. 이것이 유동성에 따른 자산·부채의 분류이다.

당좌자산과 재고자산

유동·비유동의 구분에 대해 알아본 김에 한 가지 구분을 더 알아보자. 유동자산은 다시 한번 더 구분하게 되는데, 판매라는 과정이 발생되어야 현금화될 수 있는 자산인 재고자산과 이러한 재고자산을 제외한 나머지 유동자산인 당좌자산이다.

유동자산이 다시 재고자산과 당좌자산으로 구분되는 이유 역시 유동성 때문이다. 재고자산과 당좌자산 둘 다 유동자산이기는 하지만 재고자산은 판매라는 과정이 있어야지 현금화가 되는 자산이다. 따라서 상대적으로 당좌자산에 비해 유동성이 낮다. 반면 유동자산에서 재고자산을 제외한 나머지 자산인 당좌자산은 현금성자산이나 매출채권 등 현금으로 전환이 더 용이한 자산들로 구성된다.

결국 자산은 얼마나 빨리 현금화가 되느냐에 따라 유동자산과 비유동자산으로, 유동자산은 다시 당좌자산과 재고자산으로 구분이 된다.

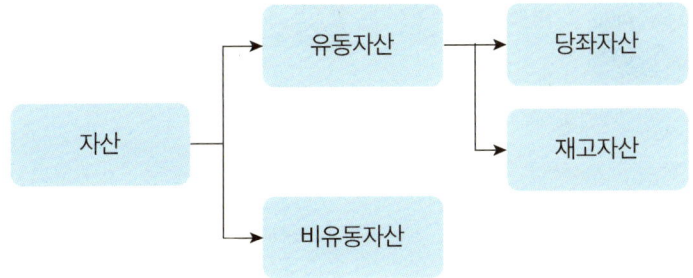

안정성의 기본요소 - 현금 및 현금성자산

이제 본격적으로 재무제표의 계정과목에 대한 이해를 해보도록 하자. 재무상태표는 보통 유동성이 빠른 순서에서 유동성이 낮은 순서대로 계정과목을 보여주게 된다. 이렇게 유동성에 따라 계정과목을 보여주게 될 때 자산항목에서 가장 먼저 볼 수 있는 계정이 바로 현금 및 현금성자산이다.

사실 현금 및 현금성자산은 계정과목에 대한 설명이 별로 필요하지 않다. 현금은 우리가 너무나도 잘 알고 있는 부분으로 우리가 일상생활에서 돈·현금·금전이라고 부르는 것이다. 그리고 현금성자산은 현금과 거의 유사하면서 큰 거래비용 없이 현금으로 전환이 용이한 자산을 의미한다.

현금 및 현금성자산은 회사의 자산 중에서도 유동성이 가장 높은 자산으로써 회사가 영업활동을 하는 데 필요한 재화나 용역을 구입할 때 사용되는 대표적인 수단이 된다. 회사의 모든 거래는 현금의 입금과 출금으로 귀결되기 마련이고, 어떤 계정보다도 거래의 빈도수가 많기 때문에 오류나 금전사고 가능성이 큰 것이 특징이다. 또한, 현금은 성격상

도난이나 분실의 위험이 매우 높은 자산이므로 현금의 관리를 위한 철저한 내부통제제도를 갖출 필요가 있다.

현금 및 현금성자산은 유동성의 근원이다

그렇다면 재무제표 분석 차원에서 현금 및 현금성자산을 어떻게 바라봐야 할 것인가? 현금 및 현금성자산은 계정의 성격은 별로 어렵지 않지만 재무제표 분석을 할 때에는 상당히 중요한 항목이 될 수 있다. 현금 및 현금성자산은 안정성의 근간이 되는 유동성, 그 자체이기 때문이다.

회사를 분석할 때 보통 안정성, 수익성, 성장성, 활동성 이렇게 네 가지 관점으로 분석을 많이 하게 된다. 안정성은 말 그대로 회사가 부도가 나지 않고 얼마나 안정적으로 잘 운영될 수 있는지를 나타내는 것이며, 수익성은 회사의 이익창출능력을 판단하는 깃이다.

또한 성장성은 회사의 규모 및 수익창출능력의 증가비율을 보는 것이며, 마지막으로 활동성은 기업 자산의 효율적인 사용 정도를 보는 것이다(이러한 네 가지 관점에 대해서는 뒤에 나올 비율분석에서 좀 더 자세히 알아볼 것이다). 그리고 현금 및 현금성자산은 회사의 유동성 그 자체이기 때문에 안정성을 판단할 때 가장 유의 깊게 분석을 해야 하는 항목이다.

유동성에 대한 이해

유동성이라는 단어를 계속 언급하였는데 유동성에 대한 이해를 먼저 해보도록 하자. 유동성을 한마디로 설명하면 누군가가 회사에 대해 금전적인 대가를 지급해 주길 요청할 때, 회사 입장에서 사용할 수 있는 가용자금이라고 생각하면 된다. 이 유동성은 실제 회사가 보유하고 있는 현금만을 의미하는 것은 아니다. 현금은 당연히 유동성에 포함이 되며, 조만간 현금화가 가능한 현금성자산이나 금융상품, 마이너스통장 같이 바로 인출 가능한 상품 등도 모두 포함될 수 있다.

기업의 안정성을 판단할 때 유동성을 어느 정도 확보하고 있는지 파악하는 것이 매우 중요하다. 유동성이 풍부하다면 당연히 안정성이 높아질 것이기 때문이다. 그렇기 때문에 회사 입장에서도 회사를 안정적으로 운영하기 위해 적정 수준의 현금을 보유하여야 한다. 그리고 이를 관리하는 것이 바로 자금관리다.

현금 및 현금성자산이 많다면?

누구나 많이 가지고 싶어 하는 현금은 기업 입장에서도 무조건 많은 것이 좋을까? 만약 내가 어떠한 회사의 재무제표를 분석하고 있는데 그 회사가 현금 및 현금성자산을 매우 많이 보유하고 있는 상황이라고 생각해 보자. 이 회사는 좋은 회사일까? 좋지 않은 회사일까?

정답을 미리 말하자면 경우에 따라서 좋을 수도 있고, 안 좋을 수도 있다. 회사를 바라보는 관점이 무엇인지에 따라서 현금이 많은 것이 좋을 수도 있고, 그렇지 않을 수도 있기 때문이다.

판매를 목적으로
보유하는 재고자산

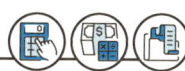

재고자산은 회사의 주업을 위해 보유하고 있으며, 판매를 목적으로 하는 자산을 말한다. 이러한 재고자산에는 판매를 위하여 회사가 스스로 제조한 제품이나, 다른 기업에서 만든 물건을 매입하여 다시 판매를 하는 상품 혹은 생산이나 용역제공에 사용될 원재료나 소모품 등도 모두 포함된다.

재고자산의 흐름

재고자산은 판매를 위해 보유하고 있는 자산이므로 회사의 이익 창출에 결정적인 역할을 한다. 재고자산이 판매되면, 판매가는 손익계산서의 매출액이 되며, 원가는 매출원가가 된다.

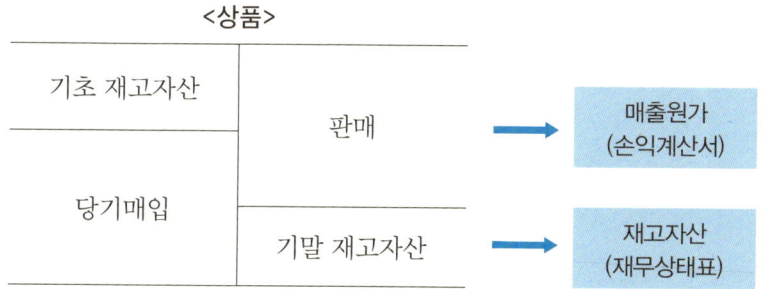

일단 현금 및 현금성자산이 많다면 안정성 측면에서는 당연히 좋을 것이다. 현금 보유가 많다면 최소한 회사가 망하지는 않을 테니 말이다.

하지만 수익성 측면에서 생각해보면 현금 및 현금성자산이 많은 것이 좋지 않을 수도 있다. 현금 및 현금성자산은 수익성에서 크게 도움이 되지는 않는 항목이기 때문이다.

또한 효율성 측면에서도 현금 및 현금성자산이 많으면 자금의 효율성은 떨어지게 된다. 회사가 사업자금을 어떠한 방식으로든지 조달하였을 것인데, 그렇게 조달한 자금을 현금 및 현금성자산으로 보유하고 있다면 자금을 효율적으로 활용하지 못하는 것일 수도 있다.

따라서 이러한 이유 때문에 기업들은 현금의 여유가 있더라도 현금 및 현금성자산을 무조건 많이 보유하지는 않는다. 만약 자금상황에 여유가 있다면 이를 현금 및 현금성자산 형태로 보유하지 않고 금융상품 형태로써 운영을 하게 된다.

금융상품은 또 다른 의미의 유동성

단기금융상품은 정기예금·정기적금 및 양도성예금증서(CD)·환매조건부채권(RP) 등 정형화된 금융기관의 상품으로 단기적 자금운용목적으로 취득한 자산이다. 회사는 여유자금을 단기금융상품 형태로 운영하면 어느 정도 유동성을 확보하면서 금융수익도 얻을 수 있다.

이제 재무제표 분석 차원에서 생각을 해 보자. 이러한 금융상품을 현금 및 현금성자산과 따로 분석할 필요가 있을까? 물론 회계처리 등을 생각하면 당연히 따로 생각을 해야겠지만 우리가 관심을 가지고 있는 재무제표 분석 차원에서는 굳이 계정들을 따로 분석할 필요가 없을 것이다. 왜냐하면 현금 및 현금성자산이나, 여유가 있어서 단기적으로 자금을 운영하는 측면인 단기금융상품이나 유동성 측면에서는 동일하기 때문이다.

예를 들어 거래처가 회사에 대해 예전에 납품한 물건대금을 지급해 줄 것을 요청하였다고 생각해 보자. 당연히 회사는 현재 보유하고 있는 현금 및 현금성자산에서 물건대금을 지급해 줄 것이다. 하지만 보유하고 있는 현금 및 현금성자산이 부족하다면 그 다음으로는 단기금융상품을 얼마나 보유하고 있는지를 살펴볼 것이다. 단기금융상품의 대표적인 항목이 바로 금융기관에 가입해 놓은 예금이나 적금인데, 이러한 것들은 해지하면 큰 거래비용 없이 바로 현금화가 되는 자산이기 때문이다.

따라서 현금 및 현금성자산이나 단기금융상품은 유동성이라는 측면에서는 같은 항목으로 분석을 하여도 큰 무리가 없을 것이다.

주석을 통해 실질 유동성을 확인하자

여기서 한 가지 강조하고 싶은 사항이 있다. 현금 및 현금성자산과 단기금융상품을 분석할 때에 해당 계정과목에 주석이 달려 있다면 관련 주석사항을 통해 현금 및 현금성자산의 사용제한 여부를 꼭 확인해 보아야 한다. 주석은 앞서서 언급하였듯이 재무제표 본문에 표시된 내용을 이해하는 데 도움이 되는 추가적인 정보를 제공하는 부분이다. 그리고 예금이나 적금 등이 여러 가지 이유로 인해 사용이 제한되어 있다면 이러한 내용을 주석에 기재하여야 한다. 사용이 제한되는 사유 중에 가장 대표적인 것은 자산이 담보 등으로 제공되는 경우이다.

예를 들어 회사가 금융기관으로부터 자금을 빌리면서 보유하고 있는 예금상품을 담보로 제공하였다고 생각해 보자. 이 예금상품에 대한 법적인 소유권은 분명히 회사에게 있다. 하지만 회사가 이러한 예금상품을 마음대로 처분할 수 있을까? 아마 해당 금융기관의 허락 없이는 마음대로 처분할 수 없을 것이다. 그렇다면 이렇게 사용이 제한되어 있는 금융상품은 유동성이 맞는가? 유동성은 회사가 마음대로 사용할 수 있는 가용자금이다. 그러한 측면에서 사용이 제한되어 있는 금융상품은 회사의 자산은 맞지만 유동성은 아니라고 봐야 할 것이다.

재무제표를 분석하다 보면 간혹 회사가 다량의 현금 및 현금성 자산과 금융자산을 보유하면서 동시에 차입금 같은 유동부채가 많이 있는 경우기 있을 수 있다. 일반적인 경우라면 예금이자보다 대출이자가 높기 때문에 다량의 금융자산과 금융부채를 동시에 보유하면 비능률이 발생할 수밖에 없다. 이러한 경우에는 회사가 금융자산을 어쩔 수 없이 보유한 상황은 아닌지 생각해 보아야 한다. 다시 말하면 금융자산이 사용 제한 등으로 묶여 있어서 어쩔 수 없이 보유한 상황일 수 있는 것이다.

재무제표 분석을 할 때 현금 및 현금성자산이 중요한 이유가 유동성의 근원이기 때문이라고 언급하였는데, 이러한 항목들 중에서 유동성이 아닌 항목이 있다면 이는 반드시 구분되어야 하며, 당연히 주석을 통해 이러한 항목들을 체크하여 실질적인 유동성의 규모를 확인해야 할 것이다.

🖊 현금 및 현금성자산 Check Point

(1) 전체 자산 대비 현금의 비중 및 증감현황을 확인하자.

(2) 다량의 현금 및 현금성자산과 유동부채가 동시에 존재하는 경우에는 그 원인을 생각해 보자.

(3) 매출액의 지속적인 감소, 지속적인 영업 손실 및 부의 영업현금흐름을 보이는 등 영업상황 및 자금흐름이 좋지 않은 상황에서 총자산 대비 거액의 현금 및 금융자산을 보유하고 있는 경우에는 주석을 통해 사용제한 여부 등을 검토하자.

매출채권은
관리가 중요하다

회사는 여러 가지 거래를 하게 되며 그러한 과정에서 다양한 방식으로 자금을 주고받게 된다. 업종이나 주어진 상황에 따라서 다르겠지만, 보통은 거래가 발생할 당시 바로 현금을 주고받지 않고 관행에 따라 외상으로 물건을 주고받게 된다. 이렇게 외상으로 물건을 주고받을 때 발생하는 것이 바로 채권과 채무이다.

채권이란 회사가 다른 회사나 사람에 대하여 현금이나 재화 또는 용역을 요구할 수 있는 권리를 말하는 것이며, 반대로 채무란 회사가 다른 회사나 사람에 대하여 현금이나 재화 또는 용역을 지불해야 하는 의무를 말한다.

매출채권과 미수금의 구분

회계상으로는 이러한 채권과 채무를 하나의 계정으로 표시하지 않고, 그 성격이 어떻게 되는지에 따라 다음과 같이 분류를 한다.

(1) 일반적인 상거래에서 발생한 채권·채무

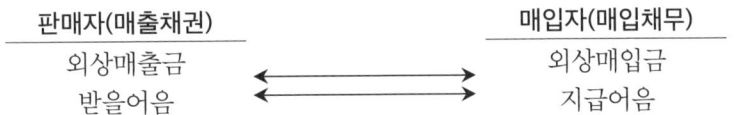

판매자(매출채권)		매입자(매입채무)
외상매출금		외상매입금
받을어음		지급어음

(2) 일반적인 상거래 이외에서 발생한 채권·채무

판매자		매입자
미 수 금		미지급금

　동일한 채권이라도 일반적인 상거래, 즉 회사의 주된 영업에서 발생한 채권이냐 그렇지 않은 채권이냐에 따라서 매출채권과 미수금으로 구분을 한다. 채무도 마찬가지로 주업에서 발생한 채무냐 그렇지 않은 채무냐에 따라서 매입채무와 미지급금으로 구분을 한다.

　이렇게 주된 영업활동인지 아닌지에 따라 계정을 구분하는 이유는 무엇일까? 예를 들어 A와 B 두 회사는 동일한 업종에 속한 회사이다. 두 회사 모두 채권이 100억 원이라고 생각해 보자. 그 중 A회사는 주업에서 발생한 매출채권을 90억 원, 부수적인 채권인 미수금을 10억 원 보유하고 있는 상황이다.

　이와는 달리 B회사는 매출채권을 50억 원, 미수금을 50억 원 보유하고 있다고 하자. 만약 채권을 구분하지 않고 하나의 계정으로 표시한다면 두 회사 모두 채권 100억 원을 보유하고 있기 때문에 외형에 큰 차이가 없는 것처럼 느껴질 것이다. 하지만 실제로는 A회사가 B회사보다 외형이 큰 회사이다. 왜냐하면 A회사는 주업에서 발생한 채권이 90억 원인 반면, B회사는 주업에서 발생한 채권이 50억 원 밖에 되지 않는데, 주업에서 발생한 채권인 매출채권은 회사의 거래 규모를 나타내 주는 지표가 될 수 있기 때문이다.

반면에 미수금은 주업이 아닌 부수적인 거래 결과로서 발생한 채권이다. 대표적인 예로 건물이나 설비자산 등을 외상으로 매각한 경우에 미수금이 발생하는데, 이러한 미수금은 꾸준하게 발생되는 것이 아니라 보통 1회성이 강한 항목이다. 다시 말해 현재 미수금을 가지고 있지만 이 미수금이 내년에도 존재할 것인지 아닌지 예측하기 힘들다. 따라서 회계상으로는 채권을 주업에서 발생한 매출채권과 그렇지 않은 미수금으로 구분해서 표시하고 있다.

매출채권의 성격을 이해하자

이 중에서 회사의 주요 자산항목인 매출채권에 대해 좀 더 알아보도록 하자. 만일 여러분들이 어떤 회사의 재무제표를 분석하는 과정에서 매출채권이 전년도에 비해서 상당한 규모로 증가한 것을 발견하였다고 생각해 보자. 이 회사는 전년도에 비해 회사 상황이 좋아진 것일까 그렇지 않은 것일까?

매출채권은 회사의 주업에서 발생한 돈을 받을 수 있는 권리이다. 당연히 돈을 받을 수 있는 권리가 증가한 것이니까 회사의 상황이 좋아진 것이 아닐까?

정답은 회사상황이 좋아진 것일 수도 있고, 그렇지 않을 수도 있다.

매출채권 역시 양면성이 있는 자산이기 때문이다. 예를 들어 어떠한 회사의 매출채권 규모가 전기에는 100억 원이었는데 당기에 150억 원으로 1.5배 증가하였다고 해 보자. 이때 매출액의 증가 현황을 살펴보니, 매출액이 전년도에는 1,000억 원이었는데 당기에 매출액이 2,000억 원으로 두 배 증가한 상황이다. 이러한 상황은 매출이 활발하게 발생되는 과정에서 돈을 받을 수 있는 권리인 매출채권이 같이 증가하는 상황일 것이며, 이는 당연히 회사의 상황이 점점 좋아지고 있는 것이다.

만일 매출채권은 증가하였는데 매출액은 증가하지 않는 상황이라면 이를 어떻게 바라봐야 할까? 예를 들어 전년도에도 매출액이 1,000억 원, 올해도 1,000억 원으로 동일하였다고 생각해 보자. 이런 상황에서 매출채권만 100억 원에서 150억 원으로 증가하였다면 이는 무엇을 의미하는 것일까?

매출채권은 거래처로부터 돈을 받을 수 있는 권리이지 돈이 아니다. 즉, 다시 말해 매출채권은 회수를 해 주어야 하는데, 매출액이 동반되지 않았는데 매출채권만 증가하였다는 것은 채권의 회수가 잘 되지 않아 증가하였을 가능성이 높다. 채권의 회수가 잘 되지 않으면 결국 채권 중 일부를 못 받게 되는 일이 발생할 수 있기 때문에 매출액이 동반되지 않는 채권의 증가는 오히려 회사의 상황이 안 좋아지고 있는 것일 수 있다.

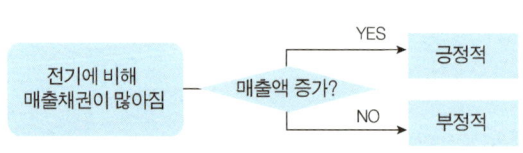

매출채권회전율을 알아보자

매출채권은 이렇게 양면성이 있는 자산이다. 따라서 매출채권을 분석할 때에는 반드시 매출액을 같이 분석해야 하며, 이때 많이 살펴보는 지표가 바로 매출채권회전율이다.

매출채권회전율은 매출액을 평균매출채권으로 나누어서 계산하는데 매출채권의 규모를 매출액과 비교하여 매출채권의 양적 수준을 측정하는 지표이다.

$$\text{매출채권회전율} = \frac{\text{매출액}}{(\text{기초 매출채권} + \text{기말 매출채권}) \div 2}$$

매출채권회전율은 실무에서도 상당히 활용을 많이 하는 지표인데 이 산식이 가지고 있는 의미에 대해 알아보노독 하자. 예를 들어 어떤 회사의 매출채권회전율이 전기에는 10회였는데 당기에 7회로 하락하였다고 생각해 보자. 이 회사의 매출채권에 대한 효율성이 좋아진 것일까? 안 좋아진 것일까?

매출채권회전율이 전기 대비 하락하였다는 것은 매출채권에 대한 효율성이 전기 대비 안 좋아진 것을 의미한다. 앞의 예를 다시 활용해 보자. 어떤 회사의 매출액이 전기에도 1,000억 원, 당기에도 1,000억 원인데 매출채권의 보유 정도가 전기에는 100억 원에서 당기에는 150억 원으로 증가하였다고 생각해 보자. 분자인 매출액은 변화가 없는데 분모인 매출채권의 크기가 커지게 되면 당연히 매출채권회전율은 하락하게 된다. 그리고 이러한 상황은 매출액이 동반되지 않는 매출채권의 증가이기 때문에 매출채권에 대한 효율성이 떨어진 것이다. 따라서 매출채권회전율이 높다는 것은 매출채권의 규모를 적게 유지하거나 매출채권 대비 매출액이 많다는 뜻이므로 회사가 매출채권을 효율적으로 잘 관리하고 있다고 생각할 수 있다.

그러나 매출채권회전율이 과도하게 높은 경우라면, 해석에 유의를 할 필요가 있다. 매출채권이 발생하였다는 것은 거래처와 거래를 할 때 신용으로 물건을 판매한다는 의미이다. 이러한 매출채권의 규모는 회사가 외상의 조건을 어떻게 할 것인지에 따라서 달라질 수 있다. 회사가 보유하고 있는 매출채권의 규모가 너무 작다면, 물건 판매에 있어 지나치게 엄격한 신용정책을 유지하고 있는 것은 아닌지 생각해 보아야 한다. 다시 말해 지나치게 현금거래를 유도하다 보니 매출의 기회를 놓치게 되는 일이 생길 수도 있는 것이다. 물론 외상매출의 경우 빠른 시간 내에 자금을 회수한다면 회사의 자금 운용에 있어 유리한 것은 사실이지만 이로 인해 매출이 더 발생할 수 있는 기회를 상실하게 된다면 전체적으로는 오히려 손해일 수도 있기 때문이다. 따라서 회사는 이러한 장점과 단점을 고려하여 신용판매에 따른 자금회수 기간을 관리하여야 할 것이다.

매출채권회수기간

매출채권회전율을 알아본 김에 이를 응용한 산식인 매출채권회수기간도 알아보도록 하자. 매출채권회수기간은 말 그대로 회사가 물건을 외상으로 판매하여 발생한 매출채권을 현금화하는 데까지 걸리는 기간을 의미한다.

$$매출채권회수기간 = \frac{365일}{매출채권회전율}$$

이는 365일을 방금 알아보았던 매출채권회전율로 나누어서 계산하는데, 매출채권회전율이 전기 대비 하락하게 되면 이를 분모로 놓고 있는 매출채권회수기간은 전기 대비 길어지게 될 것이다. 매출채권회수기간이 길어진다는 의미는 물건 판매에 따라 발생하는 매출채권을 현금으로 회수하는 데 걸리는 기간이 길어진다는 의미이다.

예를 들어 회사가 30일이면 외상판매에 따른 매출채권을 현금으로 회수하였는데, 이 기간이 50일, 80일, 100일 등으로 점점 길어지게 됨을 의미한다. 매출채권회수기간이 길어지면 당연히 그만큼 대금을 받지 못하게 될 가능성이 높아지며, 매출채권이 현금화가 되지 않고 채권 형태로 남아있게 되면 자금을 운영하는 데 있어서 그만큼의 손해를 보게 될 수밖에 없다.

만약 매출채권회전율이 10회라면 매출채권회수기간은 약 36일(365일/10회)이 된다. 매출채권회전율이 높을수록 매출채권회수기간은 짧아지며, 그만큼 자금순환이 빨리 된다는 것을 의미하게 된다.

이렇게 매출채권회전율이나 회수기간을 계산하면 기업이 영업활동의 과정에서 매출채권을 얼마만큼 빨리 혹은 늦게 회수하는가를 측정할 수 있어서 자금흐름분석에 매우 유용한 정보를 얻을 수 있다.

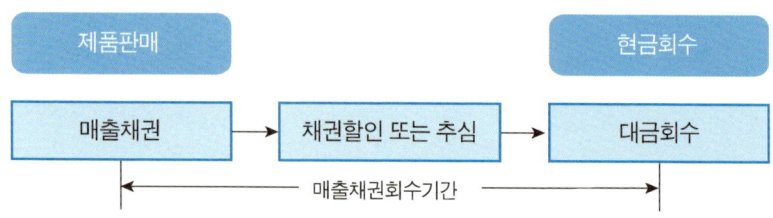

대손충당금(손실충당금)을 파악하자

매출채권을 분석할 때에 매출채권회전율 이외에 매출채권의 회수 가능성에 대한 분석도 필요하다. 매출채권의 회수 가능성이란, 실제 매출채권을 현금으로 회수할 수 있는 가능성을 판단하는 것으로, 아무리 매출채권이 많아도 회수 불가능한 부실채권이 많다면 기업의 자금에는 결코 도움이 되지 않을 것이다. 따라서 해당 회사의 매출채권 중 회수불능채권을 제외하고 회수 가능한 매출채권금액의 규모를 파악하는 것이 매우 중요하다.

회계상으로 회사는 매기 채권 등의 자산에 대하여 평가를 하고, 평가결과 회수가 불가능하다고 판단되는 회수불능채권의 추정금액에 대해 대손충당금(손실충당금)이라는 용어를 사용하여 표시하게 된다. 즉, 같은 규모의 매출채권을 갖고 있는 회사라 할지라도 대손충당금이 적은 회사의 매출채권이 더 큰 회수가능금액을 갖게 되므로 더 건실한 매출채권을 보유하고 있다고 볼 수 있다.

재무제표에서는 매출채권에서 이러한 대손충당금을 차감하는 형식으로 표시하거나, 아예 대손충당금을 차감 후 금액으로 매출채권을 표시할 수 있다. 이러한 표시방법의 차이는 회사가 어떠한 회계기준을 적용하는지에 따라 달라지게 된다.

유가증권시장에 상장되어 있는 법인 등이 사용하고 있는 한국채택국제회계기준(K-IFRS)에서는 일반적으로 재무상태표 본문에서 매출채권의 전체 금액에서 회수가 불가능한 채권금액을 직접 차감한 금액이 기재되어 있다. 그리고 이때 해당 매출채권의 주석항목에 가보면 이에 대한 상세한 내용이 나와 있는 식으로 대손충당금을 보여주게 된다.

반면에 비상장법인 등이 사용하는 일반기업회계기준에서는 보통 재무상태표 본문에 전체 매출채권금액이 표시되어 있고, 그 밑에 대손충당금 금액을 따로 표시하여 주는 방식을 사용한다.

| 한국채택국제회계기준 |

XX주식회사 (단위 : 백만 원)

과 목	주석	제48(당)기		제47(전)기	
자 산					
I. 유 동 자 산			69,981,128		67,002,055
1. 현금및현금성자산	4, 6, 7, 31	3,778,371		3,062,960	
2. 단기금융상품	5, 6, 7, 31	30,170,656		27,763,589	
3. 단기매도가능금융자산	6, 9, 31	−		3,021,210	
4. 매출채권	6, 7, 10, 31	23,514,012		20,251,464	

| 관련주석 |

10. 매출채권 및 미수금 :

가. 보고기간 종료일 현재 매출채권 및 미수금의 내역은 다음과 같습니다.

(단위 : 백만 원)

구 분	당기말		전기말	
	매출채권	미수금	매출채권	미수금
채권액	23,771,781	2,340,658	20,463,848	2,506,192
차감 : 손실충당금	(257,769)	(16,347)	(212,384)	(20,482)
소 계	23,514,012	2,324,311	20,251,464	2,485,710
차감 : 장기채권	−	(4,529)	−	(170,887)
유동항목	23,514,012	2,319,782	20,251,464	2,314,823

| 일반기업회계기준 |

주식회사 YY (단위 : 원)

과 목	제57(당)기		제56(전)기	
자 산				
I. 유동자산		925,365,562,841		868,445,572,320
(1) 당좌자산		925,302,488,441		868,445,572,320
현금및현금성자산	39,984,814,226		35,079,679,532	
단기금융상품(주석3)	808,645,500,000		756,515,000,000	
매출채권	52,726,737,779		46,693,080,771	
대손충당금	(527,267,377)		(466,930,807)	

일반기업회계기준에 따른 재무제표는 재무상태표에서 바로 대손충당금의 설정비율을 파악할 수 있다. 한국채택국제회계기준을 적용하는 회사의 재무제표를 분석하는 상황이라면 반드시 매출채권에 해당 주석을 찾아가서 전체 채권 대비 대손충당금이 어느 정도 설정되어 있는지를 파악해 보아야 한다.

그리고 주석 항목에는 대손충당금의 설정 비율뿐만 아니라, 매출채권의 연령분석과 대손충당금의 변동내용 등도 기록되므로 반드시 주석을 확인하여 이런 부분들도 체크를 해 두어야 한다.

특수관계자와의 거래를 확인하자

매출채권을 검토할 때 가능하다면 매출채권의 집중도를 확인해 보는 것도 좋다. 회사가 보유한 매출채권의 대부분이 특정한 한 거래처에 집중되어 있는 경우가 있다. 다시 말해 거래처가 다변화되어 있지 않고 한 회사와의 거래에 의존도가 높은 경우인데, 이러한 경우 해당 거래처의 상황이 안 좋아지게 되면 당연히 그 거래처에 대해 매출의존도가 높은 회사 역시 상황이 안 좋게 될 가능성이 높다. 따라서 당연히 거래처는 다변화되어 있는 것이 좋다.

이렇게 매출의 집중도를 파악하는 것이 중요한데, 아쉽게도 재무제표에서는 매출채권의 전체 금액이 얼마인지는 확인할 수 있지만 개별 채권별로 어떤 회사에 얼마만큼 채권을 보유하고 있는지는 확인할 수 없다. 하지만 재무제표를 통해서도 한 가지 확인할 수 있는 부분이 있는

데 바로 특수관계자에게서 발생한 거래 내역이다.

특수관계자와의 거래 내역은 주석에서 확인할 수 있는데 만약 회사 매출액의 대부분이 특수관계자에게서 발생된 매출인 경우에는 이러한 매출이 실제 발생된 매출인지를 확인해 보는 것이 좋다. 실제 발생된 매출이 아닌데도 불구하고 특수관계자와 물건을 주고받으면서 매출을 인식할 수도 있기 때문이다.

따라서 특수관계자와의 매출이 많은 상황이라면 개별 회사의 재무제표를 분석하는 것보다는 연결재무제표를 분석하는 것이 더욱 효과적일 수 있다. 연결재무제표에서는 지배회사와 종속회사를 하나의 경제적 실체로 판단을 하기 때문에 내부거래 등은 상계제거되어 실제적으로 회사 외부로 판매된 부분이 얼마인지 파악하기가 용이하기 때문이다.

✎ 매출채권 Check Point

(1) 총자산에서 매출채권이 차지하는 비중이 적정한지 살펴본다.
(2) 매출채권회전율 및 매출채권 회수기간을 검토한다.
    매출채권회전율 하락 ⇒ 매출채권의 효율성이 떨어진다.
(3) 대손충당금이 총채권대비 얼마나 되는지 확인한다.

대여금은 받는 것이 중요하다

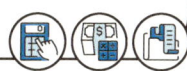

대여금이란 금전소비대차계약을 맺고 회사가 거래 상대방에게 자금을 빌려준 것이다. 대여금이 발생하면 회사는 약정에 따라 자금 대여의 대가로서 이자를 수취하게 되며, 자금대여기간이 종료하게 되면 빌려주었던 원금을 회수하면서 대여금에 대한 거래가 완료된다.

대여금의 발생 원인을 생각하자

대여금은 그 정의만 생각해 보면 복잡한 성격을 가진 계정과목은 아니다. 하지만 재무제표 분석차원에서는 대여금의 성격을 잘 확인해 볼 필요가 있다. 만약 어떤 회사가 금융업을 주업으로 하지 않는 상황인데 자산 중에 대여금의 비중이 많다고 생각해 보자. 금융업이나 대부업이 아닌 이상 대여금은 사실 회사의 영업을 하기 위해 꼭 필요한 자산은 아닐 것이다. 즉, 대여금이 없다고 하더라도 회사가 사업을 운영하는 데에는 아무런 문제가 되지 않는다. 영업용 자산이 아닌 대여금의 금액이 소액이라면 상관없겠지만, 대여금의 금액이 꽤 크다면 이것을 어떻게 생각해야 할까? 그리고 회사는 대여금을 누구에게 빌려줄까?

실제 회사들의 재무제표를 보면 여러 가지 이유로 대여금을 보유하고 있다. 만약 재무제표를 분석할 때 회사가 대여금을 많이 보유하고 있다면 우선 대여금을 빌린 거래 상대방이 누구인지 확인하는 것이 중요하다.

대여금 중에서 전세자금대출이나 학자금대출 같이 임직원들에게 복리후생제도의 일환으로 자금을 빌려주는 경우도 있을 수 있다. 하지만 이러한 대여금은 그렇게 많지 않으며, 회사의 대여금 중 상당 부분을 차지하는 것은 바로 특수관계자에게 대여한 자금이다. 즉 회사의 자회사나 계열사, 관계회사 혹은 대표이사나 대주주 등에게 자금을 대여하는 것이다. 특수관계자가 아니면 금융업이 아닌 이상 굳이 자금을 빌려줄 필요가 없기 때문이다.

우선 오해하면 안 되는 것이 이러한 특수관계자에게 자금을 대여하는 것 자체가 불법이거나 나쁘다는 것이 아니다. 사업을 하다 보면 급전이 필요한 경우도 있을 것이며, 자금을 운용하다 보면 신용도가 더 나은 회사가 그렇지 못한 계열사에 자금을 지원할 수도 있다. 하지만 대여금이 발생하였다면 회사 입장에서는 이를 잘 회수할 수 있는지를 생각해야 한다. 대여금이 있는 것과 회수하는 것은 별개의 문제이기 때문이다.

대여금의 회수가능성을 확인하자

이처럼 대여금은 실제 회수가 될 수 있는 자금인지를 파악해야 하는데, 이를 확인하기 위해 가장 좋은 방법은 돈을 빌린 주체 즉, 자금 차입자들의 재무제표를 확인해 보는 것이다.

만약 자금 차입자들이 재무구조가 탄탄하고 안정성이 좋다면 대여금도 충분히 회수가 될 것이다. 그렇기 때문에 자금 차입자의 재무제표를 먼저 살펴볼 필요가 있는데 아쉬운 점은 현실적으로는 이러한 자금 차입자들의 재무제표를 입수하는 것이 쉽지 않다는 것이다. 자금 차입자들이 상장사나 회계감사를 받는 회사라면 재무제표를 입수하는 것이 어렵지 않겠지만, 그렇지 않은 경우도 많기 때문이다.

자금 차입자의 재무제표를 구하지 못하였다면, 차선책으로 자금을 빌려준 회사 즉, 대여금을 보유하고 있는 회사의 안정성을 좀 너 잘 살펴봐야 한다. 계열회사 중 한 회사가 부실하면 다른 계열사의 경우에도 안정성이 그리 좋지 못한 경우가 많기 때문이다. 만약 자금을 빌려준 회사 자체도 별로 안정성이 좋지 못하다면 이러한 회사로부터 자금을 대여한 관계회사도 안정성이 좋지 못할 가능성이 많다. 이러한 경우라면 대여금의 실질적인 회수가능성에 의심을 가질 필요가 있다.

대여금의 유동성을 확인할 때 한 가지 더 유의할 점이 있다. 바로 약정이자의 실제 수령 여부이다. 자금을 대여하였으므로 당연히 그에 대한 대가로 이자를 수령하여야 한다. 그런데 그러한 이자수익이 발생만 되고 실제 자금은 회수되지 않아 미수수익 등으로만 인식된다면, 이러한 대여금은 회수 가능성이 떨어지게 될 것이다.

✏ 대여금 Check Point

(1) 대여금이 총자산에서 차지하는 비중을 확인한다.
(2) 대여금에 대해 설정되어 있는 대손충당금을 살펴본다.
(3) 자금 차입자(특수관계자인 경우 특히 주의)의 재무상태를 확인한다.
(4) 약정 이자의 수령 여부를 확인한다.

결국 기말 재고자산금액이 얼마인지를 알게 되면 매출원가의 금액을 파악할 수 있기 때문에 재고자산은 재무상태표뿐만 아니라 손익계산서에도 직접적인 영향을 미치는 계정과목이다.

재고자산 금액의 산출 방법

기말 재고자산 금액은 기말의 재고자산 수량에 단가를 곱하여서 산출된다. 재고자산의 수량을 결정하는 방법으로는 계속기록법과 실지재고조사법이 있는데, 계속기록법은 기초재고에서 당기 제조하거나 매입한 재고를 더하고 기중에 판매된 재고를 차감하여 기말 재고 수량을 파악하는 방법이다. 실지재고조사법은 기초재고에서 당기 제조하거나 매입한 재고를 더한 상태에서 기말에 재고실사를 통해 실제 수량을 파악하고 역으로 판매 수량을 파악하는 방법이다.

재고자산 단가 결정방법으로는 원가흐름의 가정을 사용하는 데 많이 사용하는 방법으로 개별법, 선입(후입)선출법, 가중평균법 등이 존재한다.

원가흐름가정	재고자산의 평가방법
개별법	재고자산에 가격표 등을 붙여 판매상품이나 기말재고상품에 부착된 단가를 적용해서 원가를 계산하는 방법
선입선출법	먼저 구매한 재고자산이 먼저 판매된다고 가정하는 방법
후입선출법	가장 최근에 구매한 재고자산이 먼저 판매된다고 가정하는 방법
가중평균법	재고자산의 평균치를 사용하여 매출원가와 기말재고액을 구하는 방법

재고자산의 성격을 이해하자

재고자산은 즉시 현금화가 가능한 당좌자산과는 달리 생산과정과 판매과정을 거쳐야만 현금화가 가능하므로 상대적으로 현금유동성이 떨어지는 자산이다. 또한 재고자산은 생산한다고 해서 무조건 판매가 되는 것이 아니기 때문에 적정한 수준을 유지하는 것이 중요하다.

만약에 어떤 회사의 재고자산금액을 파악했을 때 전기 재고자산 가액은 100억 원이었는데 당기 재무제표의 재고자산 가액은 150억 원으로 1.5배 증가하였다고 가정해 보자. 이러한 경우 회사의 상황이 좋아진 것인가?

재고자산이 전기 대비 증가한 것이 상황이 좋아진 것인지를 판단하기 위해서는 우선 재고자산이 증가한 원인을 생각해 보아야 한다. 만약 회사가 판단할 때 향후 업황이 좋을 것으로 예상되고, 또한 물건이 많이 판매가 될 것으로 예측되어 재고자산을 미리 확보하는 측면에서 재고자산이 증가되었다면 당연히 상황이 좋은 방향으로 가고 있는 것이다. 하지만 회사가 물건을 생산하고 있는데 생산된 물건이 판매되지 않아서 재고자산이 증가한 것이라면 오히려 상황이 안 좋아지고 있는 것이다. 앞서 살펴보았던 매출채권과 마찬가지로 재고자산도 양면성이 존재하는 자산이기 때문이다.

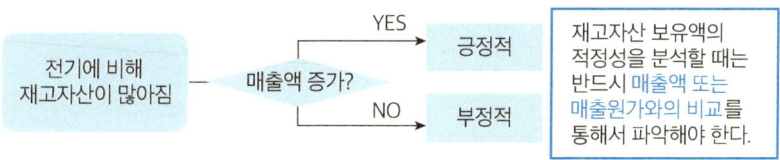

전기에 비해
재고자산이 많아짐 — 매출액 증가? — YES → 긍정적 / NO → 부정적

재고자산 보유액의 적정성을 분석할 때는 반드시 매출액 또는 매출원가와의 비교를 통해서 파악해야 한다.

재고자산회전율을 알아보자

재고자산은 양면성이 있는 자산이다 보니 재고자산을 분석할 때에는 반드시 매출액을 같이 분석해야 한다. 매출액이 증가하고 있는 상황에서 재고자산의 증가는 미래 증가할 매출을 대비하여 재고자산을 확보해 놓는 측면이 강하다. 하지만 매출액이 감소하는 추세에서 재고자산만 증가한다면 오히려 판매가 잘되지 않아 재고자산이 증가하였을 가능성이 높기 때문이다. 그리고 이때 많이 살펴보는 지표가 바로 재고자산회전율이다.

재고자산회전율은 매출액 또는 매출원가를 평균재고자산으로 나누어서 계산하는데 재고자산의 규모를 매출액과 비교하여 재고자산의 양적 수준을 측정하는 지표이다.

$$재고자산회전율 = \frac{매출액 \text{ or } 매출원가}{(기초재고자산 + 기말재고자산) \div 2}$$

만약 어떤 회사의 재고자산회전율이 전기에는 10회였는데 당기에 7회로 하락하였다고 생각해 보자. 이 회사의 재고자산에 대한 효율성이 좋아진 것일까? 아니면 안 좋아진 것일까?

재고자산회전율이 전기 대비 하락하였다는 것은 재고자산에 대한 효율성이 나빠진 것을 의미한다. 예를 들어 어떤 회사의 매출액이 전기에도 1,000억 원 당기에도 1,000억 원인데 재고자산의 보유 정도가 전기 100억 원에서 당기에 150억 원으로 증가하였다고 생각해 보자. 분자인 매출액은 변화가 없는데 분모인 재고자산의 크기가 커지면 당연히 재고자산회전율은 하락할 것이다. 매출액이 동반되지 않는 상태에서 재고자산만 증가하였다는 것은 재고자산의 효율성이 떨어진다는 것을 의미한다. 따라서 재고자산회전율이 높다는 것은 재고자산의 규모를 적게 유지하여 효율적으로 재고를 관리하고 있거나 매출액이 많다는 뜻이므로 회사의 상황이 양호한 것으로 평가할 수 있다.

하지만 재고자산회전율이 과다하게 높게 산출되는 경우에는 해석에 유의할 필요가 있다. 재고자산을 너무 적게 보유하여 정상적인 영업활동을 하지 못하는 상황이 될 수도 있기 때문이다. 만약 재고확보에 실패하여 재고부족이 발생하게 되면 수요변동에 적절히 대처하지 못하게 되며, 이는 매출기회의 상실로 연결될 수 있다.

따라서 재고자산회진율이 높다고 해서 재고의 효율성이 무조건 좋다고 판단할 것이 아니라 생산이나 판매에 문제가 없을 정도의 적정재고를 유지하고 있는지 여부를 살피고, 재고자산회전율이 급격히 하락하거나 산업평균에 비하여 상당한 차이가 있을 때에는 재고자산관리에 비효율성이 있는 것은 아닌지 판단해야 한다.

재고자산회전율의 산식에 대해 좀 더 알아보도록 하자. 우선 분자의 항목을 보면 매출액 또는 매출원가로 되어 있는데 보통은 매출원가를 더 많이 사용한다. 재고자산은 결국 판매가 되면 매출원가로 가게 되는 항목이기 때문에, 매출원가를 사용하는 것이 원가흐름에 좀 더 부합한다고 볼 수 있기 때문이다. 하지만 매출액과 매출원가는 서로 연동하는 지표이다 보니 매출액이 증가하면 매출원가도 같이 증가하고 매출액이 감소하면 매출원가도 같이 감소한다. 그렇기 때문에 산식에서 매출액이나 매출원가 둘 중 어떠한 것을 사용해도 사실 의미에는 큰 차이가 없다. 다만 비교분석을 할 때 사용하는 비교대상은 동일한 산식으로 계산을 해 주어야 한다. 예를 들어 내가 어떤 회사의 재고자산회전율을 계산할 때 매출액을 평균 재고자산으로 나누어서 계산하였다면, 비교지표로 산정할 경쟁회사의 재고자산회전율도 동일하게 매출액을 평균 재고자산으로 나누어서 계산하여야 할 것이다.

재고자산보유기간

재고자산회전율을 알아본 김에 이를 응용한 산식인 재고자산보유기간도 알아보도록 하자. 재고자산보유기간은 말 그대로 회사가 재고자산을 매입하거나 제조하여 발생한 상태에서 이 재고자산이 판매가 될 때까지 걸리는 기간을 의미한다.

$$재고자산보유기간 = \frac{365일}{재고자산회전율}$$

이는 365일을 방금 알아보았던 재고자산회전율로 나누어서 계산하는데, 재고자산회전율이 전기 대비 하락하게 되면 재고자산회전율을 분모로 놓고 있는 재고자산보유기간은 전기 대비 길어지게 될 것이다. 다시 말해 재고자산이 형성된 이후에 판매에까지 걸리는 기간이 길어진다는 의미이다. 예를 들어 회사가 확보한 재고자산이 30일이면 판매가 되었는데, 이 기간이 50일, 80일, 100일 등으로 점점 길어지게 됨을 의미한다. 당연히 재고자산보유기간이 길어지게 되면 그만큼 재고자산이 진부화가 될 가능성이 높아지게 되며, 재고자산을 유지·보관하는 데에 추가적인 비용이 발생할 것이다. 또한 재고자산이 판매가 되지 않고 재고 형태로 남아있게 되면 그만큼 현금이 묶여 있는 것이기 때문에 자금을 운영하는 데 있어서 손해를 볼 수밖에 없다.

재고자산평가손실충당금

회사의 입장에서는 보유한 재고자산이 판매가 잘 된다면 좋겠지만 경우에 따라서는 판매가 부진하여 재고자산의 가치가 많이 훼손되는 경우가 발생한다. 특히 유행에 민감한 의류업이나, 재고자산의 유통기간이 짧은 식품 음료업 등에서는 재고자산의 진부화가 빈번하게 발생한다.

재고자산의 진부화가 발생하게 되면 회사는 진부화된 재고자산을 평가하여 판매가 아직 안 되었다 하더라도 가치가 떨어진 부분에 대해 재고자산평가손실충당금을 설정하게 된다. 즉, 재고자산에서 재고자산평가손실충당금이 어느 정도 설정되어 있는지를 확인하면 재고자산의 진부화 정도를 파악할 수 있으며 재고자산 대비 재고자산평가손실충당금이 어느 정도 설정되어 있는지를 확인해 보고, 설정비율이 지나치게 높다고 판단되면 현재 회사의 영업활동이 원활하게 진행되지 않는다고 판단할 수 있다.

재고자산은 분식회계의 단골메뉴?

재고자산은 회사의 주업을 위해서 보유하고 있으며 기간 손익에도 영향을 미치는 항목이기 때문에 회계상으로 매우 중요하게 다루어진다. 그뿐만 아니라 재고자산은 분식회계가 많이 발생하는 계정과목이기 때문에 분석에 유의를 할 필요가 있다.

분식회계는 회사의 실적을 좋게 보이게 하기 위해 회사의 장부를 조작하는 행위이다. 이때 재고자산에서 많은 부분의 분식이 발생하게 된다. 재고자산이 분식회계에 많이 사용되는 이유는 무엇일까? 제조업을 가정한다면 회사는 재고자산을 만들기 위하여 원재료 등을 확보할 것이며, 이렇게 확보된 원재료를 공정에 투입하여 제조과정을 거치게 된다. 그런 이후에 형성된 재고자산을 판매하게 될 것이며 외상판매가 일어나게 되면 매출채권이라는 자산이 생겨나게 된다. 일정 기간 뒤에 회사는 다시 매출채권을 현금으로 회수하게 된다.

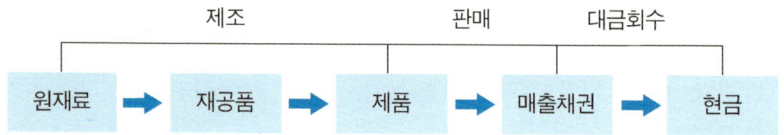

이를 크게 구분하면 제조 ⇒ 판매 ⇒ 대금회수의 단계로 구분할 수 있는데 이 중 판매와 대금회수는 회사와 회사 외부와의 거래이다. 따라서 분식이 상대적으로 힘들 수 있다(물론 원한다면 이 부분에서도 얼마든지 분식은 가능하다). 하지만 제조단계는 회사 내부의 문제이기 때문에 상대적으로 분식을 하기가 용이하다.

또한 재고자산가액을 재무제표에 수치로 표시하기 위해 화폐가치로 계량화하는 작업이 필요하고, 이 과정에서 주관과 분식이 개입될 여지가 많다.

회사는 분식을 통해 이익을 원래 상황보다 늘리는 것도, 줄이는 것도 가능하다. 재고자산의 흐름상 재고자산 중 판매가 되는 부분이 매출원가로 대체되는데 재고자산의 가액을 실제보다 과대 계상하면 매출원가는 과소 계상되며, 이는 곧 이익이 원래 상황보다 증가되는 분식이 일어나게 된다. 반대로 재고자산의 가액이 실제보다 과소 계상되면 매출원가는 과대 계상되며, 이는 곧 이익이 원래 상황보다 감소가 되는 분식이 일어나게 된다.

재고자산을 과대 계상 → 이익 증가
재고자산을 과소 계상 → 이익 감소

즉, 회사는 재고자산의 분식을 통해 이익을 원하는 대로 유연화시키는 것이 가능하다. 이를 방지하기 위하여 회계감사에서는 재고자산의 실제 규모를 파악하기 위해 재고자산의 실사에 참여하게 되며 재고자산의 과대 계상이나 과소 계상을 적발하는 감사절차를 취하게 된다.

재고자산 Check Point

(1) 매출원가 대비 어느 정도의 재고수준을 유지하는지 살펴본다.

(2) 재고자산회전율 및 재고자산보유기간을 검토한다.

　재고자산회전율 하락 ⇒ 재고자산의 효율성이 떨어진다.

(3) 재고자산평가손실충당금을 확인하여 재고자산의 진부화 가능성을 확인한다.

감가상각누계액

감가상각누계액이란 유형자산에서 매 회계기간에 발생한 감가상각 금액을 합쳐 놓은 누적금액을 의미한다. 예를 들어 어떠한 유형자산을 100억 원에 매입하였으며, 내용연수 5년 잔존가액 없이 정액법으로 감가상각을 한다고 가정해 보자. 이 상황에서는 매년 20억 원씩 감가상각 비용이 발생하게 될 것인데, 만약 3년이 지난 상황이라면 총 60억 원의 감가상각비용이 발생되었을 것이다. 이 60억 원이 감가상각누계액이 된다.

그렇다면 재무제표에서는 이 상황을 어떻게 표시할까? 이때 두 가지 표시방법이 있을 수 있는데 유형자산을 직접 감소시키는 방법과 감가상각누계액을 차감 표시해 주는 방법이다.

한국채택국제회계기준에 따라 작성되는 재무제표는 감가상각누계액을 유형자산에서 직접 감소시켜 표시하는 방법을 따르게 된다. 위의 예를 이런 방식으로 표시하게 되면, 재무상태표에 유형자산금액이 40억 원으로 표시될 것이다. 하지만 이렇게 표시를 해 놓게 되면 이 유형자산이 원래 40억 원짜리인지, 100억 원에 취득을 한 상태에서 감가상각이 일어나서 40억 원이 된 것인지 알 수 없게 된다. 따라서 감가상각누계액을 유형자산에서 직접 차감하여 표시하는 방법은 감가상각에 대한 자세한 세부 내역을 주석에 따로 표기해주는 식으로 정보를 제공한다. 즉, 회사가 한국채택국제회계기준을 사용한다면 유형자산에 대해 해당 주석을 통해 감가상각 진행 정도를 파악해 주어야 한다.

재무제표 쉽게 읽기

기업성장의 도구 - 비유동자산

누군가가 나를 위해
시간을 내주면
그보다 더 귀중한 선물은 없다.

- 프랭크 타이거 -

Chapter 1 ▶ 투자자산을 통해 회사의 여유자금을 활용한다

투자자산은 기업이 여유자금의 활용 목적으로 보유하는 자산이다. 단기적 자금운용목적으로 소유하거나 기한이 1년 이내에 도래하는 것은 단기투자자산으로 구분하며, 현금 및 현금성자산과 함께 기업의 단기 유동성을 파악하는 데 중요한 정보를 제공한다. 그리고 장기적인 투자수익창출이나 자금 활용 등을 목적으로 1년 이상 투자하는 자산은 장기투자자산으로 구분된다.

이러한 투자자산은 영업이 아닌 투자목적의 자산이라는 점에서 기업의 영업활동을 위해 장기간 사용되는 자산인 유형자산이나 무형자산과 성격상 다르기 때문에 따로 분석하는 것이 바람직하다.

투자자산은 영업용 자산이 아니다 보니 영업용 자산에 비해 중요도가 낮을 수 있다. 하지만 투자자산을 통해 회사의 여유자금이 어느 정도인지 파악할 수 있기 때문에 유동성의 관점에서 의미가 있는 자산이다.

예를 들어 투자자산 중 금융기관에 가입한 예금이나 적금, 유가증권시장에서 활발히 거래가 되고 있는 다른 회사의 주식이나, 국가기관이나 공공기관에서 발행한 국공채 등은 회사가 원하면 언제든지 현금화를 시킬 수 있는 자산이다. 따라서 회사가 이러한 자산들을 많이 보유하고 있다면 그만큼 회사의 자금상황에 여유가 있다고 볼 수 있다.

또한 투자자산을 분석할 때 관련된 주석사항이 있으면 이를 확인해 볼 필요가 있다. 투자자산이 담보제공 등의 이유로 사용제한으로 설정되어 있을 수 있기 때문이다. 현금 및 현금성자산과 마찬가지로 사용제한으로 설정되어 있는 투자자산은 유동성으로 볼 수 없기 때문에 사용제한 부분이 없는지 파악해 둘 필요가 있다.

✏ 투자자산 Check Point

(1) 투자자산의 보유 정도를 통해 회사의 여유자금 현황을 파악한다.
(2) 전체자산 대비 투자자산을 과도하게 보유한 경우에는 보유 의도를 파악할 필요가 있다.
(3) 관련 주석을 통해 사용제한 여부를 확인한다.

Chapter 2 회사가 사용할 목적으로 보유하는 유형자산

유형자산이란 판매를 목적으로 하지 않고 영업활동이나 제조활동에서 실제 사용하기 위해 회사가 보유하는 자산이다. 대표적인 유형자산으로 토지, 건물, 구축물, 기계장치, 건설중인자산 등이 있다.

감가상각비의 이해

회사는 유형자산을 취득하기 위해서 거액의 자금을 투입하게 된다. 그리고 이렇게 취득한 유형사산은 영업활동에 장기간 사용하게 된다. 다시 말해 유형자산은 한번 취득하면 잠깐 사용하다가 폐기하는 것이 아니라 일정기간 동안 사용을 하게 된다. 그렇기 때문에 유형사산은 취득하기 위해 지출한 금액을 유형자산의 예상되는 사용기간에 걸쳐 감가상각비라는 방법으로 비용처리를 하게 된다.

예를 들어, 제조업을 영위하는 갑 회사가 영업활동을 하기 위하여 기계장치를 20억 원에 구입하였다. 이 기계장치는 앞으로 20년간 사용할 수 있다고 추정되었다. 이 경우 기계장치를 취득하기 위한 현금지출은 구입시점에 모두 이루어지더라도, 앞으로 이 기계장치를 20년간 사용할 것이다. 그렇기 때문에 기계장치 구입대금 20억 원을 모두 취득연도에 비용처리하기보다는 사용기간인 20년에 걸쳐서 안분하여 비용화하는 것이 합리적일 것이다.

이것이 바로 감가상각비의 개념이다. 감가상각비는 유형자산을 회사의 영업활동에 사용되는 기간에 맞게 합리적으로 비용으로 인식하는 절차이다. 사례에서처럼 기계장치 20억 원을 사용기간 20년으로 나누어 매 회계연도에 1억 원을 비용으로 인식한다면 합리적인 대응이 된다고 보는 것이다.

감가상각비는 어떻게 결정될까?

감가상각비가 결정되기 위해서는 감가상각대상금액, 내용연수, 감가상각방법 등의 요소가 결정되어야 한다.

| 감가상각비 결정요소 |

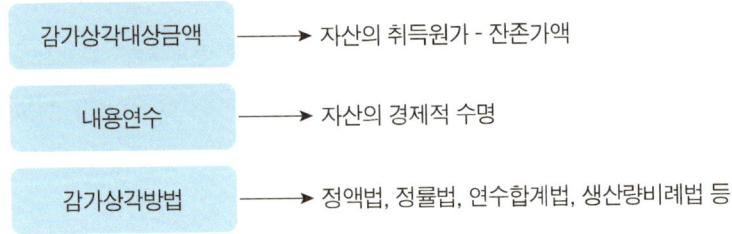

감가상각대상금액 ──▶ 자산의 취득원가 - 잔존가액

내용연수 ──▶ 자산의 경제적 수명

감가상각방법 ──▶ 정액법, 정률법, 연수합계법, 생산량비례법 등

감가상각대상금액은 감가상각의 기준이 되는 금액으로, 유형자산의 취득원가에서 잔존가액을 차감하여 산출한다. 여기서 잔존가액이란, 유형자산을 사용하고 난 후 처분할 때 받을 수 있을 것으로 기대되는 금액을 의미한다. 예를 들어 자동차의 경우 사용기간이 끝난 이후 처분 시에

발생할 수 있는 중고차의 가치나 고철로서의 가치라고 생각하면 된다.

내용연수는 유형자산이 사용될 것으로 기대되는 기간을 말한다. 다만 유의할 것은 이때 결정되는 내용연수는 회계상으로만 결정하는 것이지 실제 예상되는 유형자산의 사용기간이 아니라는 것이다.

예를 들어 회사가 기계장치의 내용연수를 5년으로 설정하였다고 가정해 보자. 회계상으로는 내용연수 5년에 걸쳐서 감가상각처리를 하게 될 것이다. 이 상황에서 5년이 지나면 회계상으로는 기계장치의 수명은 끝이 난다. 하지만 실제로는 내용연수가 끝났다 하더라도 기계장치를 폐기하는 것이 아니라 실제적으로 사용할 수 있을 때까지 계속 사용하게 될 것이다. 따라서 내용연수는 회계상으로 추정하는 가정일 뿐이지 실제 유형자산의 사용연수와는 다를 수밖에 없는 것이다.

이렇게 감가상각대상금액과 내용언수가 결정되면 감가상각방법을 정해야 하는데, 감가상각방법은 어떤 방법으로 감가상각비라는 비용을 인식할 것인지에 대한 부분이다. 이론상으로는 유형자산이 제공하는 효익에 대응하는 비용을 감가상각비로 인식해야 한다. 그러나 회계연도별로 언제 얼마만큼의 효익을 제공하였는지를 정확하게 측정하기가 어렵기 때문에 일관성과 합리성을 가진 감가상각방법을 이용하여 감가상각비를 계산하게 된다. 대표적인 감가상각방법으로는 정액법과 정률법이 존재한다.

정액법은 매 회계기간 동안 일정한 금액을 감가상각비로 처리하는 방법이다.

• 정액법 : 자산의 내용연수에 걸쳐 균등하게 감가상각비를 인식

감가상각비 = (취득원가 − 잔존가액) ÷ 내용연수

정액법을 사용하면 취득가액에서 잔존가액을 차감한 금액을 내용연수로 나누어서 감가상각비를 결정한다. 예를 들어 기계장치를 6백만 원에 취득하였고, 잔존가액은 1백만 원이며, 내용연수는 5년이라고 하면 매년 1백만 원의 감가상각비를 5년 동안 인식하게 된다.

(6,000,000 − 1,000,000) ÷ 5 = 1,000,000

정률법은 매 기간 일정한 비율대로 유형자산의 가치를 줄여주는 방법으로 기초의 장부금액에 일정한 상각률을 곱하여 매기 감가상각비를 구하는 방법이다.

• 정률법 : 매년 재무상태표에 표시된 유형자산금액에 상각률을 곱해서 계산

감가상각비 = (취득원가 − 감가상각누계액) × 상각률

정률법을 적용하면 내용연수 초기에 감가상각비를 많이 계상하다가 내용연수 후기로 갈수록 감가상각비를 적게 계상하게 된다.

Ⅱ. 비유동자산			68,651,674,702
1. 장기금융상품	4, 19	7,500,000	
2. 매도가능금융자산	4, 7, 19	40,796,228,740	
3. 유형자산	8	27,087,359,514	
4. 무형자산	9	218,087,926	
5. 보증금	4, 5, 19	542,498,522	

| 관련주석 |

구 분	당기말		
	취득금액	감가상각누계액	순장부금액
토지	11,459,535	–	11,459,535
건물	13,001,688	(9,889,232)	3,112,456
부속설비	15,863,641	(8,835,625)	7,028,016
구축물	694,534	(545,102)	149,432
기계장치	14,667,073	(11,179,027)	3,488,046
차량운반구	813,915	(767,333)	46,582
공기구비품	8,214,144	(6,512,887)	1,701,257
건설중인자산	27,750	–	27,750
입목	74,286	–	74,286
합 계	64,816,566	(37,729,206)	27,087,360

　　반면에 일반기업회계기준을 사용하는 회사는 감가상각누계액을 차감표시해 주는 방법을 사용한다. 즉, 위의 예에서 재무상태표에서 유형자산 금액을 취득원가인 100억 원으로 표시해 놓고, 그 밑에 감가상각누계액 60억 원으로 차감표시해 주는 방법으로 보여주게 된다.

(2) 유형자산(주석8)		85,814,868,292
토지	63,643,658,749	
건물	22,413,693,451	
감가상각누계액	(9,566,191,688)	
구축물	454,596,040	
감가상각누계액	(441,591,440)	
차량운반구	302,095,308	
감가상각누계액	(266,448,994)	

감가상각비는 대표적인 고정원가이다

유형자산은 토지나 건물, 주요 설비와 기계장치 등이 모두 포함되어 있는 계정과목이다 보니 회사의 전체 자산에서 차지하는 비중이 상당히 높은 자산이다. 또한 설비투자에 대한 의사결정은 회사의 흥망성쇠와도 직결될 수 있는 매우 중요한 자산이기 때문에 해석을 잘할 필요가 있다.

만약 회사의 자산항목 중 유형자산의 비중이 높은 회사가 있다고 하자. 이는 무엇을 의미할까?

자산에서 유형자산이 차지하는 비중이 높다면 원가구조 중 고정원가의 비중이 높은 회사가 된다. 기업의 원가를 분석해보면 크게 변동원가와 고정원가로 구분될 수 있다.

변동원가는 말 그대로 제품의 생산량이나 판매량, 즉 조업도가 증가함에 따라서 원가총액이 같이 증가하는 원가를 의미한다. 이러한 변동원가의 대표적인 예로 원재료나 일정률로 지급되는 판매수수료 등이 있다. 예를 들어 원재료는 제품 생산량이 증가할수록 당연히 사용되는 원재료가 늘어날 것이기 때문에 원재료 비용이 같이 증가하게 된다. 따라서 원재료는 대표적인 변동원가 항목이 된다.

반면에 고정원가는 생산량이나 판매량의 증감과 관계없이 원가총액이 변하지 않고 일정하게 발생되는 원가를 말하며, 감가상각비나 임차료 등이 대표적인 고정원가이다.

예를 들어 기계장치를 1억 원을 주고 구매하여 10년 동안 사용한다고 가정해 보자. 잔존가치는 없다고 가정하고 정액법으로 감가상각을 하게 되면 회사는 매년 기계장치에 대해 1,000만 원의 감가상각비용을 인식하게 된다. 이러한 감가상각비는 기계장치를 이용하여 물건을 100개 생산하든 200개 생산하든 상관없이 동일하게 1,000만 원이 발생하게 된다. 따라서 회사의 실제 조업도와 무관하게 감가상각비용은 정해져 있는 것이다.

따라서 유형자산이 많은 회사는 원가 구조상 고정원가의 비중이 큰 회사가 된다. 고정원가의 비중이 큰 회사는 변동원가의 비중이 높은 회사에 비해 상대적으로 호황에 이익의 증가 폭이 훨씬 크게 된다. 호황이 되어 물건이 많이 판매되면 이에 대응하여 변동원가는 같이 증가하게 된다. 하지만 고정원가는 판매량과 무관하게 일정하게 발생되기 때문에 추가적으로 증가하지 않는다. 반대로 불황이 되어 조업도가 감소하더라도 고정비는 감소하지 않기 때문에 이익의 감소폭 역시 크게 된다.

따라서 유형자산의 비중이 큰 회사는 고정원가의 비중이 크기 때문에 대량으로 생산하여 판매량을 늘리는 것이 매우 중요하다.

유형자산은 진입장벽이 될 수 있다

회사의 유형자산 규모가 크다면 그 자체가 해당 산업에 대한 하나의 진입장벽이 될 수 있다. 대규모의 설비투자가 필요한 기간산업과 같은 경우에는 대규모 자본이 필요하기 때문에 아무나 쉽사리 시장에 진입을 할 수 없게 된다. 이것을 다시 생각해보면, 시장에 진입하기는 어렵지만 한번 진입하게 되면 새로운 경쟁자가 발생하기 어려운 산업이라는 것이다.

또한 유형자산이 많으면 규모의 경제가 발생된다. 감가상각비가 대표적인 고정원가이다 보니 생산량이 증가하게 되면 제품 한 단위당 부담하는 고정원가의 금액은 생산량이 증가할수록 떨어지게 된다.

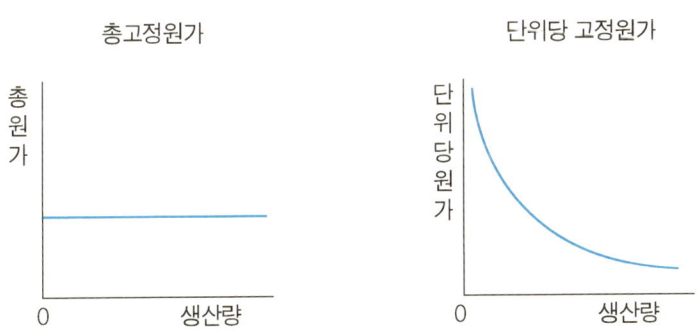

예를 들어 감가상각비 100만 원이 발생되는 상태에서 제품을 한 단위만 생산하게 되면 제품 한 단위당 부담하게 되는 고정원가는 100만

원이 되는 반면에 생산량이 2단위로 증가하게 되면 제품 한 단위당 부담하게 되는 고정원가는 50만 원으로 감소하게 된다. 이는 생산량이 증가할수록 당연히 한 단위당 부담하는 고정원가가 감소하게 된다는 뜻이며 이것이 바로 규모의 경제가 될 수 있는 것이다.

따라서 유형자산의 규모가 큰 회사는 생산량이 중요한 요소가 된다. 대량생산을 하게 되면 그만큼 제품 단위당 원가가 떨어지게 되므로 이를 바탕으로 가격 경쟁력을 갖출 수 있기 때문이다.

유형자산은 추가적인 투자를 필요로 한다

유형자산은 사업을 유지하기 위해 매 사업연도에 추가적인 투자비용이 발생하게 된다는 것이다. 예를 들어 회사가 100억 원을 주고 기계장치를 매입하여 사업을 시작하였다고 생각해 보자. 이 기계장치는 5년을 사용할 수 있으며, 잔존가치 0원으로 감가상각을 한다고 하면 매년 20억 원의 감가상각비가 발생하게 된다. 물론 정확하게 일치하지는 않겠지만, 이 상태에서 추가적인 설비투자 없이 5년이 지나게 되면 해당 기계장치는 이미 노후화가 많이 진행되어 있을 것이다. 따라서 사업을 계속 유지하려면 최소한 감가상각비용 정도의 재투자를 해야 할 것이다.

이것이 바로 자본적지출(Capital Expenditures)의 개념이다. 즉 유형자산이 많은 회사의 경우 그 회사가 계속 사업을 영위하기 위해서는 꾸준히 자본적지출로 발생되는 비용이 많다는 의미이다. 따라서 회사가 이익을 창출하였다고 해서 이익금을 모두 사용하면 안 되며, 최소한 사업을 유지하기 위한 재원을 마련해 두어야 한다.

(1) 전체자산에서 유형자산이 차지하는 비중을 확인한다.

(2) 유형자산의 구성 내역과 감가상각처리방법 등을 확인하며, 고정원가의 비중을 확인한다.

(3) 유형자산의 증감현황을 확인하여 설비투자의 규모를 확인한다.

원가구조와 영업레버리지

변동원가와 고정원가를 파악하는 것은 결국 회사의 원가구조에 대해 이해를 하는 것이다. 회사의 원가구조가 어떻게 되는지에 따라서 동일한 상황에서도 회사마다 유리한 상황이 될 수도 있고, 불리한 상황이 될 수도 있다.

예를 들어 (주)한국과 (주)서울이라는 두 회사가 있다고 생각해 보자. 두 회사의 매출액이나 영업이익은 동일한 상태에서 (주)한국은 변동원가를 20억 원 사용하고 고정원가를 40억 원 사용하는 회사이며, (주)서울은 변동원가를 40억 원 사용하고 고정원가를 20억 원 사용하는 회사이다. 다른 조건은 다 동일하다고 할 때 상황에 따라서 두 회사의 희비가 달라질 수 있다.

만약 경기가 호황이 되어서 두 회사의 매출액이 현재보다 50%씩 증가하였다고 가정해 보자.

이 경우 그림과 같이 (주)한국의 경우에는 영업이익이 40억 원에서 80억 원으로 100% 증가하는 반면에 (주)서울은 영업이익이 40억 원에서 70억 원으로 증가는 하지만 증가의 폭이 (주)한국보다 낮게 된다. 왜냐하면 (주)서울은 (주)한국보다 고정원가의 지출이 적기 때문이다.

(주) 한국					Example
매출액	100억 원	조업도		매출액	150억 원
(-) 변동원가	20억 원	50% 증가		(-) 변동원가	30억 원
(-) 고정원가	40억 원			(-) 고정원가	40억 원
영업이익	40억 원	영업이익 100% 증가		영업이익	80억 원

(주) 서울					Example
매출액	100억 원	조업도		매출액	150억 원
(-) 변동원가	40억 원	50% 증가		(-) 변동원가	60억 원
(-) 고정원가	20억 원			(-) 고정원가	20억 원
영업이익	40억 원	영업이익 75% 증가		영업이익	70억 원

하지만 (주)서울이 항상 불리한 것만은 아니다. 만약 경기가 불황이 되어서 두 회사의 매출액이 현재보다 50%씩 감소하였다고 가정해 보자.

(주) 한국					Example
매출액	100억 원	조업도	매출액	50억 원
(-) 변동원가	20억 원	50% 감소	(-) 변동원가	10억 원
(-) 고정원가	40억 원		(-) 고정원가	40억 원
영업이익	40억 원	영업이익 100% 감소	영업이익	0억 원

(주) 서울					Example
매출액	100억 원	조업도	매출액	50억 원
(-) 변동원가	40억 원	50% 감소	(-) 변동원가	20억 원
(-) 고정원가	20억 원		(-) 고정원가	20억 원
영업이익	40억 원	영업이익 75% 감소	영업이익	10억 원

이 경우에는 그림과 같이 (주)한국의 경우에는 영업이익이 40억 원에서 0억 원으로 100% 감소하는 반면에 (주)서울은 영업이익이 40억 원에서 10억 원으로 감소는 하지만 감소의 폭이 (주)한국보다 적다. 이러한 효과가 바로 영업레버리지 효과이다.

즉, 고정원가의 지출을 수반하는 자산의 보유 정도에 따라 매출액의 변화에 대한 영업이익 변화가 달라질 수 있으며, 고정원가의 지출이 회사의 변동성을 키워주는 효과가 바로 영업레버리지다.

보이지 않는 자산도 있다 : 무형자산

회사의 영업활동을 위해 사용하는 자산 중에서 건물이나 기계장치처럼 실물이 있는 자산도 있지만, 법적 권리나 상표권 같이 물리적 실체가 없는 자산도 존재한다. 이러한 자산들을 무형자산이라고 한다.

무형자산의 인식 기준

무형자산은 눈에 보이는 실물이 없기 때문에 자산으로 인정되기 위해서는 보다 엄격한 기준을 갖추어야 한다. 그렇지 않으면 보는 사람에 따라 자산의 가치가 달라질 수 있기 때문이다.

예를 들어 명품브랜드를 볼 때 그 가치를 매우 높게 생각하는 사람이 있는 반면에 그렇지 않은 사람이 있을 수 있다. 따라서 무형자산의 가치에 대해서는 주관적인 판단이 고려가 되는 경우가 많다. 그렇기 때문에 회계상으로는 무형자산의 자산성을 인정하기 위하여 일정한 요건들을 갖추도록 요구하고 있다.

무형자산이 자산으로 인정받기 위해서는 우선 다른 자산과 구별이 될 수 있어야 하며, 기업이 무형자산에 대해 통제를 할 수 있어야 한다.

또한 무형자산을 활용하여 미래에 경제적 효익을 창출할 수 있어야 한다. 이런 요건들이 만족되었을 경우 재무제표에 무형자산으로 표시가 될 수 있다. 이러한 요건들을 만족하는 대표적인 무형자산으로 특허권·산업재산권·상표권 등의 법적 권리와 기업이 신기술을 개발하기 위해 지출하는 개발비, 기업의 영업에 초과수익을 창출해 줄 수 있는 영업권 등이 있다.

신기술 개발을 위해 지출하는 연구개발비

회사가 신제품 또는 신기술의 개발과 관련하여 연구개발을 하기 위해 발생한 지출 중에서 자산으로 인정받은 부분을 개발비라고 한다.

예를 들어 (주)한국이라는 회사가 신제품 개발을 위해 100억 원을 지출하였다고 하자. 기본적인 연구를 위해 자료를 수집·분석하는 단계에서 발생한 지출이 있을 것이며, 구체적으로 개발난계에서 원제료나 자재 등을 구입하고 디자인과 설계 및 금형제작을 위한 지출 등이 발생되었을 것이다. 이러한 지출 중 구체적인 성과물이 나와 미래에 경제적 효익을 가져다 줄 가능성이 높고, 그에 따른 원가를 신뢰성 있게 측정할 수 있는 부분을 개발비로 인식할 수 있다.

통상적으로 연구 활동에서 발생하는 지출은 당기 비용으로 처리하고, 개발단계에서 구체적인 성과물이 나온 이후 단계에서 발생하는 지출은 개발비로 하여 무형자산으로 처리하게 된다. 즉, (주)한국이 지출한 100억 원 중에 20억 원이 연구단계에서 발생되었고, 50억 원이 경상

개발비로 지출이 되었으며, 30억 원은 구체적인 성과물이 나온 이후에 발생된 지출이라면 연구단계와 경상개발단계에서 발생한 70억 원은 당기에 비용으로, 나머지 30억 원은 개발비로 자산계상하게 된다.

연구개발비는 단순히 무형자산으로 인정되는지 여부와는 무관하게 기업의 미래를 위해서는 어느 정도의 투자가 이루어져야 한다. 경쟁이 치열한 만큼 현재의 이익도 중요하지만 미래를 위한 기술개발에 소홀하게 되면 기업의 미래가 어두울 수밖에 없기 때문이다.

영업권은 기업이 창출한 권리금이다

영업권이란 기업의 특별한 기술이나 지식, 고도의 경영능력, 독점적 지위, 양질의 고객관계, 유리한 입지조건 등으로 인하여 장차 그 기업에 이익을 창출해 줄 수 있을 것으로 기대되는 초과수익력을 의미한다. 이러한 초과수익력을 우리 일상생활에서는 보통 권리금이라고 표현한다.

예를 들어 A라는 사람이 운영하는 음식점이 있는데 이 가게가 맛집으로 소문이 나서 장사가 매우 잘 되는 상황이라고 가정해 보자. 이 가게를 운영하기 위해 각종 시설 및 설비, 인테리어 등으로 10억 원의 금액을 지출하였으며, 편의를 위해 이 모두를 자산으로 생각해 보자. 그리고 이 음식점을 운영하기 위해 은행에서 4억 원을 대출하였다. 즉, 자산은 10억 원, 부채가 4억 원, 자본이 6억 원인 상태이다.

이 상태에서 A가 이 가게를 다른 사람에게 넘기려고 부동산에 의뢰를 하였다. 소문을 듣고 B라는 사람이 이 가게를 인수하려고 자산 10억 원에서 부채 4억 원을 차감한 6억 원을 인수대금으로 제시하였다고 해 보자. A가 이 금액을 받아들일 수 있을까?

만약 이때 C라는 사람이 자본인 6억 원에 장사가 잘 되는 대가로 웃 돈을 포함해 8억 원을 제시하면 어떻게 될까? 다른 제안이 더 이상 없다 면 당연히 A는 C한테 가게를 넘기게 될 것이다. 그리고 이때 지급대가 인 8억 원에서 자본인 6억 원을 초과하는 부분 2억 원이 우리가 흔히 말 하는 권리금, 회계상으로 영업권의 개념이 된다.

이러한 영업권은 기업 내부적으로 창출된 영업권과 외부에서 구입한 영업권으로 구분할 수 있다. 이 중에서 내부적으로 창출된 영업권은 그 영업권을 획득하기까지 얼마의 원가를 발생시켰는지에 대해 신뢰성 있 게 측정할 수 없기 때문에 회계상으로는 무형자산으로 인정하지 않는다.

앞의 예에서 A가 장사가 잘 되고 있다는 것은 알고 있지만 그 가치가 1억 원인지 3억 원인지 정확히 알 수 없기 때문에 자산으로 기록할 수 없는 것이다.

반면, 외부에서 구입한 영업권이란 합병, 영업양수 등의 방법으로 유 상으로 취득한 경우에 발생한다. 합병을 하기 위해 취득하는 순자산의 공정가치에 추가적인 웃돈을 지급하는 경우에, 추가적으로 지급하는 금 액이 영업권이 된다. 우리가 재무상태표에서 보게 되는 영업권은 모두 외부 구입 영업권에 해당한다.

영업권은 많을수록 좋을까?

영업권은 눈에 보이는 물리적인 실체가 없다 보니 자산성을 인정할 때, 다른 자산보다 더 엄격하게 관리를 하게 된다. 이러한 영업권을 회사가 많이 보유하고 있다면 재무제표 분석 차원에서 이를 어떻게 해석하는 것이 좋을까?

영업권은 주관적인 판단이 개입될 수밖에 없는 자산이다. 아까의 사례에서 만약 D라는 사람이 가게를 너무 인수하고 싶어서 인수대금으로 10억 원을 제시하게 된다면 어떻게 될까? 당연히 A는 D에게 가게를 넘기게 될 것이며 그렇게 되면 영업권이 4억 원(인수대금 10억 원 - 자본금액 6억 원)이 된다. 그리고 실제 현실에서는 이러한 일들이 종종 발생한다.

그렇다면 이렇게 해서 발생된 영업권을 어떻게 생각해야 할까? 영업권이 실제로 초과수익력의 가치가 반영된 것일 수도 있다. D가 4억 원의 영업권을 더 지급하고 가게를 인수하였는데, 그 이후에도 가게가 계속 영업이 잘 되어서 많은 이익을 볼 수도 있다. 하지만 만약 D가 너무 가게를 인수하고 싶은 마음에 무리해서 영업권을 지불한 것일 수도 있는 것이다.

따라서 회사가 영업권을 많이 보유하고 있다면 실제 그 정도의 가치가 있는 것인지에 대해서는 한번 정도 생각을 해 보아야 할 것이다. 영업권의 실제 초과수익력의 가치가 반영된 것일 수도 있지만, 가치가 과다하게 측정된 것일 수도 있기 때문이다.

📝 무형자산 Check Point

(1) 무형자산의 구성 내역을 확인한다.

(2) 무형자산 중 연구개발비 등의 비중과 증감현황이 어느 정도 되는지 파악한다.

(3) 영업권의 경우 실제 초과수익력의 가치가 인정된 것일 수도 있지만 과대평가된 부분이 있을 수도 있다.

기업의 자금조달 수단 -
부채와 자본

재 무 제 표 쉽 게 읽 기

인간사에는 안정된 것이 하나도 없음을 기억하라.
그러므로 성공에 들뜨거나
역경에 지나치게 의기소침하지 마라.

- 소크라테스 -

Chapter 1 ▶ 부채를 너무 무서워하지 말자

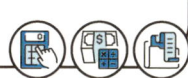

　회사는 사업을 하기에 앞서 사업을 하기 위해 필요한 자금을 우선 확보해야 한다. 이때 필요한 자금을 부채로써 조달할 수도 있고 자기자본으로써 해결할 수도 있다.

　부채는 기업 입장에서 미래에 무언가를 해 주어야 하는 의무사항들이다. 즉, 미래에 돈을 지급해 주어야 하는 의무가 될 수도 있으며, 일을 해준다든지 물건을 주는 등의 행위가 발생하게 된다. 자금 조달 측면에서의 부채는 타인으로부터 사금을 빌린 금액이기 때문에 일정기간 후에 원금을 갚아야 할 의무가 있으며, 이때 자금 사용의 대가로써 이자비용을 지급하게 된다.

　반면 자본은 회사의 주인인 주주가 출자한 금액이다. 따라서 자본으로써 자금을 조달하였다면 회사 입장에서 이 금액을 갚을 필요가 없다. 또한 부채에서 자금사용에 대한 대가로 이자를 지급하는 반면에, 이에 대응되는 개념으로 자본은 주주들에게 배당이라는 것을 지급하게 된다. 이때 배당은 이자비용과는 달리 주주들에게 반드시 지급해야 하는 것은 아니며 회사의 상황에 따라 지급 여부가 달라질 수 있다.

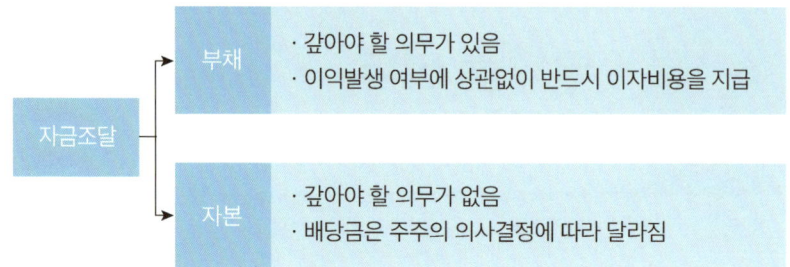

이러한 이유 때문에 사람들은 자본에는 별 거부감이 없는 반면에 부채를 부담스러워하는 경향이 있다. 부채를 사용하면 원금을 상환해야 하며, 이익발생 여부와 상관없이 일정한 이자비용을 지급해야 하는 것이 부담스럽다고 생각하는 것이다.

하지만 부채를 무조건 부담스럽게 생각하면 안 된다. 실제로 기업 입장에서 좋은 부채가 되는 경우도 있으며, 부채를 활용만 잘하게 되면 좋은 경영의 도구가 될 수 있기 때문이다.

이자비용의 절세효과

기업 입장에서 부채를 사용할 때 얻을 수 있는 대표적인 장점이 바로 이자비용의 절세효과이다. 부채로써 자금을 조달하게 되면 이자비용이 발생되는데, 이자비용은 회계상으로 비용으로 인정되는 항목이기 때문에 법인세 산출의 근거인 세전이익을 줄여주게 된다. 결국 세금을 줄여주는 효과를 가져 오게 되는데 이것이 바로 이자비용의 절세효과이다.

따라서 이러한 절세효과를 고려하게 되면 기업은 실제 약정된 차입금의 조달금리보다 더 낮은 금리로 자금을 조달하는 효과가 발생할 수 있다. 이러한 이자비용의 절세효과가 있기 때문에 적정수준으로 부채를 사용하게 되면 무차입 경영을 하는 회사보다 오히려 기업가치가 높아질 수 있게 된다.

레버리지 효과

레버리지 효과는 지렛대 효과라고도 하는데 변동성을 키워주는 효과를 의미한다. 부채로써 자금을 조달하게 되면 자금 사용에 대한 대가로 일정한 이자비용을 지급하기로 약정을 맺게 된다. 따라서 이렇게 조달한 자금으로 이자비용 이상의 수익을 내주게 되면 자기자본이 많지 않더라도 수익률을 극대화시켜 줄 수 있는 효과가 나타난다. 물론 상황이 좋지 않아 예상한 방향대로 사업이 진행되지 않을 경우에도 처음에 약정한 이자는 지급을 해야 하기 때문에 손실의 규모가 커지는 경우가 발생하기도 한다.

또한 부채를 통해 자금을 조달하게 되면 회사가 가지고 있는 자본만으로는 할 수 없는 규모의 투자들도 회사의 외형을 키워 투자할 수 있게 만들어 주기 때문에 사업의 기회가 확대될 수 있다.

한마디로 정리하자면 부채는 '양날의 검'과 같다. 이 검을 어떻게 활용하는지에 따라서 자금의 효율성을 높일 수 있는 매우 훌륭한 무기가 될 수도 있지만, 활용을 잘못하게 되면 회사가 부도 위기에 처하는 등 치명상을 입을 수도 있는 것이다. 따라서 부채를 무조건 부담스럽다고 생각할 것이 아니라 하나의 중요한 자금조달 방법으로 이해해야 한다.

실제로 기업은 배당에 대한 부담을 줄이고, 적절한 이자비용으로 이익과 세금을 줄이기 위하여 적정 수준의 부채를 사용하고 있다. 그리고 사업을 하기 위해서는 자기자본으로는 한계가 있기 때문에 부채를 적극적으로 활용하고 있다.

Chapter 2 줄 돈은 매입채무와 미지급금으로 구분된다

회사는 여러 가지 거래활동을 하게 되며 이로 인해 타인에게 대금을 지급해야 하는 의무가 발생한다. 회계상으로는 이를 매입채무 또는 미지급금으로 분류하게 된다.

매입채무란 회사의 주된 영업활동을 위해 원재료나 상품 등을 외상으로 매입하고 그 대가를 추후에 지급하기로 한 의무이다. 반면에 미지급금은 주된 영업활동 이외의 활동에서 발생한 지급의무를 의미한다. 예를 들어 회사가 기계장치 등을 매입하고 대금을 아직 지급하지 않은 경우에 미지급금이 발생한다.

대금을 지급해야 하는 의무를 매입채무와 미지급금으로 구분하는 이유는 주된 영업활동에서 발생한 채무와 그렇지 않은 채무는 성격이 다를 수 있기 때문이다.

주된 영업활동에서 발생한 채무인 매입채무는 회사의 외형이나 경영환경에 큰 변화가 없다면 비교적 꾸준하게 발생되는 채무이다. 하지만 미지급금은 일회성이 강한 채무이다. 따라서 올해 미지급금이 있다고 해서 내년에 미지급금이 또 있을지 알 수 없는 채무이기 때문에 이를 구분지어야 보다 예측가능성이 올라갈 수 있다.

매입채무는 좋은 부채일까?

재무제표의 계정과목에서 의미가 없는 것은 없겠지만 매입채무라는 부채는 그 성격에 대해서 생각을 잘 해볼 필요가 있다. 매입채무는 경우에 따라서는 좋은 부채가 될 수 있기 때문이다.

보통 부채는 미래에 돈이 나가게 되는 경우가 많기 때문에 부채가 많은 것이 회사입장에서 안 좋을 거라고 생각하는 사람들이 많다. 하지만 세상살이가 그렇듯 모든 일에는 절대적인 선과 악이 존재하지 않는다. 부채도 마찬가지이다. 부채 중에서도 좋은 부채가 있을 수 있는데 대표적인 것이 바로 매입채무이다.

예를 들어 A라는 사람이 물건을 만들어서 시장에 판매하려고 하는 상황이다. A는 좋은 기술력을 가지고 있으며 업계에서도 A에 대한 평가가 좋은 상태라고 가정해 보자. A는 현재 100만 원을 보유하고 있는데, 물건을 만들기 위해서 매입해야 하는 원재료 가격은 50만 원이다. 그리고 원재료를 가공할 때 가공비로 70만 원이 필요한 상황이다. 만약 물건이 만들어진다면 A는 기술력이 좋고 업계에서 인정을 받고 있는 상황이기 때문에 시장에 물건을 500만 원에 판매를 할 수 있다고 가정해 보자. 현재 상황에서 A는 이 사업을 진행할 수 있을까?

당연히 A는 이 사업을 진행할 수 있다. 이 사업을 하기 위해서 필요한 자금은 120만 원인데 A는 현재 100만 원밖에 없는 상황이다. 그렇다면 가장 쉬운 방법으로 다른 사람으로부터 20만 원을 빌리면 된다. 20만 원을 빌려서 사업을 잘 하게 되면 500만 원을 받을 수 있으며 이 돈으로 빌린 돈 20만 원과 이자를 갚을 수 있기 때문이다.

하지만 굳이 돈을 빌리지 않고도 사업을 할 수 있다. 바로 외상거래를 이용하는 것이다. 즉 A가 원재료를 매입할 때 현금을 주고 사오는 것이 아니라 외상을 통해 원재료를 매입하게 되면 가공할 때에 필요한 70만 원만 있어도 사업을 할 수 있다.

원재료를 외상으로 매입하고 물건을 빨리 만들어 판매만 잘할 수 있다면 판매한 물건 대금으로 외상으로 매입한 원재료 대금을 지급할 수 있기 때문이다. 그리고 이때 외상으로 원재료를 매입하는 것이 바로 매입채무이다.

즉, 매입채무는 회사가 사업을 하기 위해 필요한 자금의 규모를 줄여주게 된다. 아까의 예에서 원래 사업을 하기 위해서는 원재료 매입금액 50만 원에다가 가공비로 70만 원을 합친 120만 원이 있어야 사업을 할 수 있는데, 매입채무가 있다면 70만 원만 있어도 사업을 할 수 있는 것이다. 이를 운전자본이라고 하는데, 운전자본은 사업을 하면서 묶이게 되는 자금이다 보니 운전자본의 규모를 줄여줄 수 있는 매입채무는 경우에 따라서 좋은 부채가 될 수도 있는 것이다.

매입채무는 이자비용이 없다

매입채무의 또 다른 장점은 이자비용이 발생되지 않는 부채라는 점이다. 통상 사업관행이 외상거래이다 보니 외상으로 매입한 원재료에 대한 대금을 지급할 때에도 보통의 경우에는 이자비용 등을 지급하지 않는다. 따라서 매입채무의 이러한 특징을 생각해보면 매입채무는 일종의 거래처에게 자금을 공짜로 빌리는 개념이 될 수 있다.

매입채무가 좋은 부채가 되는 조건

매입채무가 좋은 부채가 되기 위한 확실한 조건이 있다. 바로 매출이 활발하게 일어나는 것이다. 매입채무가 존재한다는 것은 원재료나 상품 같은 재고자산이 발생하였다는 것을 의미한다. 이렇게 발생한 재고자산이 판매가 잘 되고 판매대금이 회수가 되어 이 자금으로 매입채무를 결제해 준다면 기업 입장에서는 무이자로 거래처에게 자금을 빌리는 상황이 될 수 있는 것이다.

그런데 만약 재고자산이 판매가 잘 안되고 재고 형태로 남아 있게 되면 어떻게 될까? 이런 상황이면 결국 거래처에게 매입채무를 결제해 주기 위하여 자금을 따로 조달해 주어야 할 것이다. 따라서 재고가 잘 판매가 되고 있는 상황 즉, 매출이 활발하게 이루어지고 있는 상황이라면 매입채무는 이자비용과 운전자본을 줄여주는 좋은 부채가 될 수 있다.

> 🖊 **매입채무 Check Point**
>
> (1) 부채의 구성 내역 중 매입채무의 비중을 확인한다.
> (2) 매입채무의 증감과 매출액의 증감 여부를 확인한다.
> (3) 매입채무는 이자비용이 발생되지 않으며, 운전자본을 줄여주기 때문에 기업 입장에서 좋은 부채가 될 수 있다.

Chapter 3 ▶ 물건대금을 미리 받는 선수금

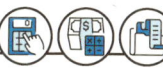

　회사가 물건을 사고 팔 때에는 여러 가지의 거래 형태가 있을 수 있다. 보통 거래대금을 지급하는 형태에 따라서 현금판매, 외상판매, 할부판매 등으로 구분될 수 있는데 보통은 물건을 먼저 판매하고 물건 대금은 일정기간 후에 지급받는 외상거래가 많이 활용되고 있다.

　경우에 따라서는 물건을 팔기 전에 물건대금의 일부를 먼저 받는 경우도 존재한다. 이러한 경우에는 물건판매에 대한 계약금만 받았을 뿐이지 실제 물건의 소유권이 이전된 것은 아니다. 실생활에서의 예를 들면 부동산 계약을 하면서 계약금으로 거래대금의 10%를 미리 지급하는 것과 동일하다. 계약금을 지급하긴 하였지만 아직 전체 거래금액을 지급하기 전까지 해당 부동산을 사용하지 못하는 것과 동일한 이치이다.

　따라서 이 시점에서는 회사가 아직 물건을 판매하였다고 볼 수 없기 때문에 매출로 인식할 수 없다. 회사 입장에서는 현금은 들어와서 자산이 증가하는데, 그 대가로 추후에 물건을 제공해야 하는 의무를 발생시키므로 동시에 부채가 증가하게 된다. 그리고 이때 발생하는 부채가 바로 선수금이다.

선수금은 좋은 부채?

선수금이 무엇인지 알아보았으니 이제 재무제표 분석 차원에서 선수금의 의미를 생각해 보자. 선수금은 우리가 일반적으로 생각하는 부채와는 성격이 좀 다르다. 부채하면 보통 회사 입장에서 무언가를 해 주어야 하는 의무사항들이 많기 때문에 부정적인 이미지가 강하나, 선수금은 매입채무와 더불어 좋은 부채가 될 수 있는 대표적인 항목이다.

만약 회사의 부채 중에 선수금이 많다고 생각을 해보자. 이는 무엇을 의미하는 것일까? 선수금의 정의를 생각해 보면 금방 답을 알 수 있을 것이다. 선수금이 많다는 것은 미래에 발생할 매출이 많다는 것을 의미한다. 선수금은 회사가 물건이나 용역을 제공하기 전에 미리 대금을 수령한 것이다. 즉, 회사 입장에서 미래에 돈이 나가는 부채가 아니고 물건을 주거나 일을 해주면 없어지게 되는 부채이다. 그리고 이것은 곧 회사의 매출과 연계가 된다.

또한 아직 물건이나 일을 해주지 않았는데도 미리 대금의 일부를 지급받았기 때문에 미리 받은 대금으로 회사의 영업에 활용할 수 있게 해준다. 즉, 매입채무와 마찬가지로 회사의 운전자본을 줄여줄 수 있다. 이러한 장점들 때문에 선수금은 회사를 운영함에 있어서 상당히 좋은 부채가 될 수 있다.

실생활에서 볼 수 있는 선수금

이해를 돕기 위해 우리 실생활에서 많이 볼 수 있는 선수금이 무엇이 있을지 생각해 보자. 위에서 언급하였듯이 계약금 같은 것이 대표적인 선수금이 될 수 있다. 또한 요즘 많이 활용되는 선불식 교통카드 같은 것도 회사 입장에서 선수금이 될 수 있다. 우리가 교통시스템을 이용하기 위해서 선불식 교통카드를 사용할 수 있는데, 교통시스템을 사용 전에 미리 교통카드에 일정 금액 이상을 충전시켜 놓고 그 이후에 교통시스템을 이용하게 된다. 이는 교통비를 미리 회사에 지급하는 상황이 될 수 있으며 이러한 충전대금이 회사 입장에서는 선수금이 된다.

또 다른 예로 상품권 같은 것도 회사 입장에서는 선수금이 될 수 있다. 백화점에서 상품권을 사는 것을 생각해 보자. 우리가 돈을 들고 백화점을 찾아가서 백화점에 돈을 주게 된다. 그러면 백화점에서는 상품권이라고 써져 있는 종이를 우리에게 주게 된다. 그런 이후에 우리가 상품권을 백화점에 주면 백화점에서는 우리에게 돈을 돌려주는 것이 아니라 물건을 지급한다.

따라서 상품권은 백화점 입장에서 미래에 돈이 나가는 부채가 아니라 매출과 연계되는 부채이며, 아직 물건을 판매하지도 않았는데 돈을 미리 받음으로써 백화점의 영업에 활용할 수 있는 대금을 확보할 수 있는 중요한 자금조달 방법이 될 수 있다.

이렇듯 선수금은 회사 입장에서 좋은 부채가 된다. 부채를 너무 안 좋게만 바라보지 말자. 분명히 좋은 부채는 존재한다.

수익이 수익이 아니다?
선수수익

회계가 어렵다고 생각하는 사람들에게 회계가 어려운 이유를 물어보면 가장 많이 하는 대답이 있다. 바로 회계에서 사용하는 계정과목이 잘 와닿지 않는다는 것이다. 그럴 수밖에 없는 이유가 회계에서 사용하는 많은 계정과목은 대부분 한자에 근거하여 만들어진 용어이기 때문이다.

하지만 이에 대해 회계가 어렵다는 선입관을 가질 필요는 없다. 계정과목을 있는 그대로 받아들이면 용어가 해석되는 경우가 많기 때문이다. 가장 대표적인 계정과목이 바로 선수수익이디.

미래에 발생할 수익과 연계되는 선수수익

선수수익이란, 말 그대로 미래에 수익이 될 부분을 미리 받았다는 의미이다. 예를 들어 20X1년 7월 1일 어떤 고객이 자동차 보험회사와 향후 1년 동안 자동차 보험계약을 체결하면서 보험료로 100만 원을 납입하였다고 가정해 보자. 보험회사 입장에선 향후 1년 동안 고객의 자동차에 대해 보험서비스를 제공해 주어야 할 의무가 발생할 것이며, 이 대가로 100만 원을 받은 상태가 된다. 이 상태에서 보험사는 지급받은 100만 원을 모두 20X1년의 수익으로 인식할 수 있을까?

일반적으로 생각하면 이미 100만 원이 들어 왔기 때문에 당연히 100만 원을 20X1년의 수익으로 인식해야 할 것처럼 느껴진다. 이렇게 돈이 들어올 때 수익을 인식하는 기준이 현금기준이다. 하지만 결론부터 말하면 회계상으로는 돈이 들어왔다고 해서 이를 모두 수익으로 인식할 수 있는 것은 아니다.

회계에는 발생주의라는 기본 원칙이 존재한다. 즉 현금 유입과는 상관없이 해당되는 거래가 발생되었을 때 수익을 인식하게 된다. 회사가 물건을 팔 때 현금을 받고 물건을 판매하든 외상으로 물건을 판매하든 똑같이 매출로 기록된다는 의미이다.

앞의 예에서 보험사는 비록 현금 100만 원을 20X1년에 수령하였지만 이는 앞으로 1년에 대한 보험 서비스를 제공해 주기로 하고 대금을 수령하였기 때문에 20X1년에 100만 원을 모두 수익으로 인식하는 것이 아니고, 20X1년에 해당하는 6개월에 대한 부분인 50만 원만 20X1년의 수익으로 인식하게 된다. 그리고 나머지 50만 원에 대한 부분은 20X2년에 수익으로 인식하게 된다. 이때 발생되는 것이 바로 선수수익이다.

현금을 미리 받았지만 미래에 인식해야 할 수익에 해당하는 부분은 수익으로 인식하지 못하고 부채로 처리하게 되는데, 이는 회사가 아직 고객에게 무언가를 해 주어야 하는 의무가 남아 있다는 의미로 받아들이면 된다. 그리고 이것이 바로 선수수익이 된다.

선수수익은 시간이 해결해 준다

선수수익은 우리가 흔히 생각하는 일반적인 부채와는 느낌이 좀 다르다. 물론 선수수익이 기업 입장에서는 무엇인가를 해 주어야 하는 부채임에는 틀림없으나, 이러한 선수수익은 시간이 지나게 되면 자연스럽게 수익으로 인식될 수 있는 부채이다. 따라서 앞서 설명한 선수금과 같이 기업 입장에서 부채이기는 하지만 이자비용이 발생되는 부채도 아니고, 미래에 매출과 연계가 되기 때문에 오히려 좋은 부채가 될 수 있다.

📝 선수수익 Check Point

(1) 선수수익은 회계상으로 연도별 수익과 비용을 정확히 산정하기 위해 사용되는 계정이다.
(2) 선수수익은 시간이 지나가면 자연스럽게 수익으로 인식되는 부분이다.
(3) 선수수익은 이자비용이 발생되지 않으며, 미래 매출과 연계되기 때문에 기업 입장에서는 좋은 부채가 될 수 있나.

회사의 주요 자금조달 방법
- 차입금

회사를 운영할 때 경영자가 마음먹은 대로 모든 일들이 잘 풀리면 좋겠지만 현실은 늘 고민의 연속이 될 수밖에 없다. 경영자는 회사를 운영하면서 여러 가지 어려운 상황에 마주하게 된다. 매출이 부진하여 계획했던 것만큼 물건이 판매가 안 될 수도 있고, 생각하지도 못한 경쟁자가 나타날 수도 있다. 때로는 임직원들이 말썽을 부리는 경우도 존재할 것이며, 고객들이 불만을 제기하는 경우도 있을 것이다. 이러한 일들 모두 힘든 상황이지만 진짜 어려운 상황은 따로 있다. 바로 회사가 필요로 하는 자금을 확보하는 데 어려움을 겪을 때이다.

회사가 하나의 살아있는 생명체라고 생각해 본다면, 회사는 생존을 위해 꾸준히 음식물을 섭취해 주어야 한다. 즉, 회사가 운영되려고 하면 원자재나 인건비, 각종 경비 등 운영자금을 계속 소비하게 된다. 이러한 운영자금을 관리하는 것이 바로 자금관리이다.

회사가 사업이 번창하여 계속해서 현금이 유입된다면 좋겠지만 그렇지 않은 경우에도 사업을 유지하기 위해서는 자금이 필요하다. 또한 회사가 신제품을 개발한다든지, 추가 설비투자를 하려고 한다면 그에 필요한 자금을 어떻게 조달할 것인지 고민을 해야 한다. 따라서 이러한 자금을 원활하게 조달하는 것 역시 영업활동 못지 않게 중요한 활동이 된다.

차입금은 주요 자금조달 수단이다

회사의 신용도가 일정 이상 된다든지, 확실한 담보자산이 존재한다면 회사가 부족한 자금을 조달하기 위해서 가장 먼저 생각할 수 있는 방법이 바로 차입이다. 사실 차입금은 성격이 매우 단순하다. 회사가 금융기관과 약정을 맺고 일정기간 동안 자금을 빌린 후, 자금사용 대가로서 이자비용을 지급하게 되며, 만기가 되었을 때 원금을 상환하게 된다.

이처럼 내용 자체는 단순하지만 재무제표 분석을 할 때에는 차입금은 매우 중요한 항목이 될 수 있다. 바로 회사의 안정성과 직결되는 부분이기 때문이다.

차입금을 분석할 때에는 무엇을 봐야 할까?

차입금을 분석할 때에는 여러 가지 내용을 확인해 봐야 한다. 우선 전기 대비 증감내역을 확인하여 차입금이 증가하는 추세인지 감소하는 추세인지를 파악해야 한다. 차입금이 증가하고 있으면 추후에 그만큼 상환해야 하는 자금이 커지는 것이기 때문에 이런 경우 차입금을 어떤 식으로 사용하는지 여부를 확인하고, 추후 차입금 상환에 문제가 없는지를 확인하기 위해 회사의 안정성을 잘 살펴보아야 한다. 그러기 위해 차입금이 보유하고 있는 유동성으로 감당을 할 수 있는 정도인지도 확인해 볼 필요가 있다.

하지만 무엇보다도 차입금을 분석할 때 꼭 필요한 것은 관련 주석항목을 확인하는 것이다. 구체적으로 말하면 차입금 관련 주석을 통해 약정 조건 및 만기조건을 확인해야 한다. 실제 모 회사의 재무제표를 보면서 내용을 파악해 보기로 하자.

부채		
I. 유동부채		485,986,259,404
매입채무및기타채무(주17,32,34,35)	189,317,008,886	
단기차입금(주19,32,34)	112,770,548,110	
유동성장기차입금(주15,19,32,34)	12,935,941,836	
유동성사채(주20,32,34)	106,966,379,284	
당기법인세부채	60,039,962,190	
파생상품금융부채(주9,32,34)	1,368,715,547	
기타유동부채(주18,32,34)	2,587,703,551	
II. 비유동부채		165,975,897,037
장기차입금(주15,19,32,34)	61,292,659,216	
사채(주20,32,34)	–	
확정급여부채(주21)	11,641,283,743	
이연법인세부채(주29)	93,041,954,078	
부채총계		651,962,156,441

재무제표를 제대로 분석하기 위해서는 자산과 부채를 같이 분석해야 하지만 우선 부채 부분만 살펴보도록 하자. 회사의 부채 총계를 보면 전체 6,519억 원이며 이 부채는 다시 유동부채 4,859억 원과 비유동부채 1,659억 원으로 구성된다.

유동부채의 내역을 살펴보면 단기차입금이 1,127억 원, 유동성장기차입금이 129억 원, 유동성사채가 1,069억 원이다. 유동성장기차입금은 처음 차입을 할 때에는 1년 이상 장기로 약정을 맺고 자금을 빌렸는데 시간이 지남에 따라 만기가 1년 이내에 도래하게 되는 순간 유동성장기차입금으로 바꾸어 유동부채 쪽으로 대체를 한 것이다. 결국 단기차입금과 마찬가지로 1년 이내에 상환기일이 도래하는 장기차입금을 의미한다. 유동성사채 역시 처음에는 1년 이상 장기로 약정을 맺고 사채를 발행하였는데 시간이 지나 만기가 1년 이내로 도래한 사채를 의미한다. 즉, 1년 이내에 자금을 상환해야 하면서 이자비용이 발생되는 부채는 단기차입금과 유동성장기차입금, 유동성사채의 합계금액인 2,325억 원이 된다.

이 의미를 액면 그대로 받아들이면 약 2,300억 원의 자금이 조만간 유출될 가능성이 높다고 생각할 수 있다. 하지만 이렇게 분석을 끝내고 조만간 큰 금액의 자금이 유출될 것이기 때문에 안정성이 염려된다고 결론을 내리면 잘못된 분석이 될 수 있다. 그 이유는 회사의 차입금 관련 주석항목을 확인해 보면 이해할 수 있다.

19. 장단기차입금
(1) 당기말과 전기말 현재 단기차입금의 내역은 다음과 같습니다.

(단위 : 천 원)

차입처	내역	당기말 이자율(%)	당기말	전기말
하나은행 등	Banker's Usance	0.961~1.399	104,402,152	52,047,208
하나은행	매출채권 할인	0.990~2.316	8,368,396	5,976,317
합계			112,770,548	58,023,525

(2) 당기말과 전기말 현재 장기차입금의 내역은 다음과 같습니다.

(단위 : 천 원)

차입처	내역	당기말 이자율(%)	당기말	전기말
국민은행	주택건설자금	3.00	2,391,736	2,733,624
하나은행	에너지합리화자금	1.5~2.75	42,805,650	37,371,750
광물자원공사(원화)	해외자원개발	0.75~1.79	15,508,984	13,681,919
광물자원공사(외화)	해외자원개발	0.79~3.04	9,317,092	15,862,696
광물자원공사(외화)	해외자원개발	0.79	4,205,139	4,527,856
소계			74,228,601	74,177,845
차감 : 유동성장기부채			(12,935,942)	(12,083,565)
합계			61,292,659	62,094,280

우선 전체적으로 보면 이자율 수준이 상당히 낮은 것을 파악할 수 있다. 즉, 차입금 중에서 정책자금 같이 이자 부담이 크지 않은 차입금이 있을 수 있다는 것이다. 이렇게 이자율 수준이 낮은 차입금들은 기업을 운영하는 데 있어서 좋은 자금이 될 수 있다. 예를 들어 0.79%로 자금을 조달하였다면 이러한 자금으로 사업을 하여 1%만 수익을 내도 결국 이익이 발생할 수 있기 때문이다. 이렇게 좋은 조건으로 조달되는 차입금들을 알아보도록 하자.

무역금융(Banker's Usance)

무역금융은 기업이 해외에서 원재료나 물품을 매입할 때 사용하는 일종의 어음이다. 수출입거래에서 수입업자가 해외의 거래처로부터 물건을 수입하게 되면, 물건은 수출업자가 운송회사를 통해 배송을 하게 되며 이에 대한 물품대금을 금융기관에게 지급하게 된다.

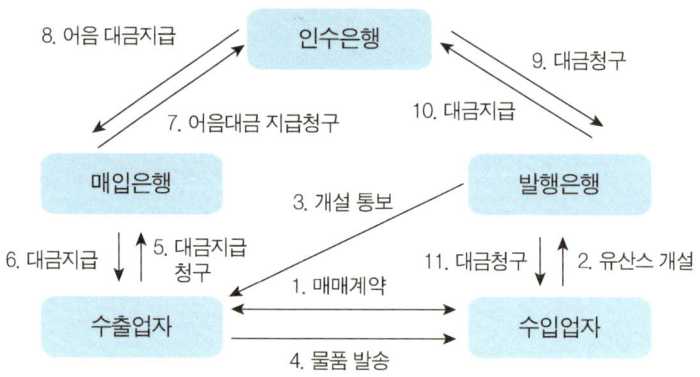

위의 그림을 보면 매우 복잡해 보이지만, 결국 이러한 무역금융은 기업의 상거래 과정에서 발생한 채무라는 점에서 일종의 매입채무나 다

름없는 항목이다. 하지만 무역금융은 거래 상대방이 금융기관이 되다 보니 단기차입금으로 분류하고 있는 상황이다. 어떻게 보면 이러한 무역금융은 금융기관이 수출입 과정에서 수수료를 징수하는 것이라고 생각해도 무방하다. 그렇기 때문에 금리 수준이 높지 않게 형성될 수 있다.

매출채권 할인

회사가 물건을 외상으로 판매하게 되면 매출채권이 발생하게 되며, 이러한 매출채권을 일정기간이 지난 후에 거래처로부터 회수하게 된다. 만일 회사가 매출채권을 빨리 현금화하고 싶다면 매출채권을 은행 같은 금융기관에 처분할 수 있는데 실무에서 이러한 것을 매출채권 할인 혹은 팩토링이라고 한다. 회사는 매출채권 할인을 통해 필요한 자금을 확보하고, 금융기관은 이를 통해 자금대여에 대한 수익을 확보하게 되는 것이다.

그런데 이러한 매출채권 할인을 어떻게 바라보는지에 따라 회계상의 처리방법이 달라질 수 있다. 만약에 회사가 매출채권을 금융기관에 판매한 것이라고 보게 되면, 회사 입장에서는 가지고 있는 매출채권을 제거하게 되며, 일정금액의 할인료를 제외한 나머지 금액을 현금의 증가로 처리하게 된다. 이 경우에 만약 거래처가 물건대금을 지급하지 못하게 되더라도 이미 회사는 금융기관에 매출채권을 판매하였기 때문에 이에 대한 손해는 금융기관이 부담하게 된다.

하지만 금융기관 입장에서 대금을 회수하지 못할 위험을 피하기 위해 특약을 설정할 수 있다. 즉, 거래처가 물건대금을 지급하지 못하면 회사에게 대금을 다시 청구할 수 있는 권리(소구권)를 설정하는 것이다. 이러한 방식으로 매출채권을 할인하게 되면 회사는 실질적으로 매출채권을 금융기관에 판매한 것이 아니다. 만약 거래처가 물건대금을 금융기관에게 지급하지 못하면 회사가 이 금액을 금융기관에게 돌려주어야 하기 때문이다. 이 경우에는 매출채권을 담보로 제공하고 금융기관에게서 자금을 빌리는 형식이 되는 것이다.

이렇게 금융기관이 소구권을 보유한 채로 매출채권을 할인하게 되면 회사 입장에서는 매출채권을 제거하면 안 되고 현금이 들어온 부분에 대해서 차입금으로 설정해야 한다. 이러한 거래의 결과로 매출채권을 할인할 때 차입금이 발생하게 되는데, 특별한 일이 없다고 하면 거래처에서 물건대금을 상환할 가능성이 높기 때문에 금리조건이 좋게 형성될 수 있다.

정책자금 등 특수금융

정부에서 특정 산업분야를 지원할 목적으로 자금을 빌려주는 경우가 있다. 이러한 자금들을 정책자금이라고 하는데, 성격상 저금리로 장기간에 걸쳐 자금을 빌려주게 된다. 이러한 자금들은 회사를 운영하는 입장에서 좋은 자금조달원이 될 수 있다. 저금리로 자금을 조달하여 그 금리 이상의 수익을 거두게 되면 결국 이익이 창출될 수 있기 때문이다.

이렇듯 차입금에 포함은 되지만 실제적인 성격은 차입금이 아닌 항목도 있고, 이자율 수준이 부담되지 않는 차입금도 존재하게 된다. 따라서 차입금을 분석할 때 차입금의 절대금액만 보고 안정성을 판단하면 안 되고, 반드시 해당되는 주석을 통해 차입약정조건을 같이 살펴보아야 할 것이다.

✎ 차입금 Check Point

(1) 회사의 주요 자금 조달원인 차입금의 규모를 파악한다.

(2) 전기 대비 차입금의 증감현황을 파악한다.

(3) 차입금의 주석을 확인하여 약정조건 및 만기조건을 확인한다.

Chapter 6

회사의 채무를 나타내는 증서 - 사채

앞서 회사가 필요한 사업자금을 조달하는 주요 원천인 차입금에 대해서 알아보았다. 이번 장에는 또 다른 자금 조달원인 사채에 대해 알아보도록 하자.

사채는 회사채의 줄인 말로, 회사가 시설투자나 운영 등의 장기자금을 조달하기 위해 발행하는 채권을 말한다. 기업은 채권을 발행함으로써 사채업자에게 채무를 부담하고 이자를 정기적으로 지급해야 하며, 약속된 기일에 원금을 상환해야 한다. 사실 사채는 그 성격이 차입금과 거의 유사하다. 둘 다 처음에 필요한 자금을 특정 대상으로부터 조달하게 되며, 자금조달의 대가로서 일정한 이자를 지급하게 된다. 그리고 만기 시점에서 조달한 자금을 상환하게 된다. 따라서 사채에 대한 내용을 분석할 때 굳이 차입금과 구분할 필요 없이 자금을 타인으로부터 조달하는 개념으로 해석을 하여도 큰 문제는 없을 것이다.

다만, 사채가 차입금과 다른 점은 차입금의 경우에는 거래 상대방이 대부분 금융기관인 반면에 사채는 거래 상대방이 불특정다수가 될 수 있으며, 사채는 하나의 정형화된 금융상품이라는 점이다.

사채의 기본요소

사채는 정형화된 금융상품이기 때문에 발행될 때에는 기본적인 발행 요소들이 존재한다. 우선 사채권에 대한 액면금액이 존재하며, 일정한 이자율 조건이 있고, 사채의 만기시점이 존재하게 된다.

| 사채의 발행에 영향을 미치는 요인들 |

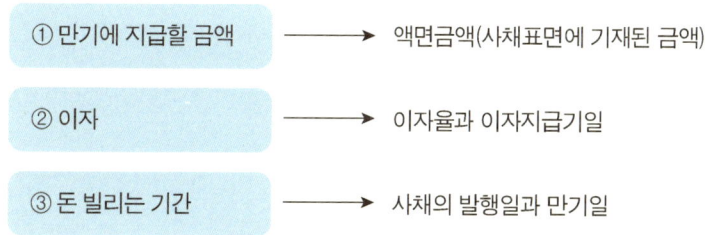

① 만기에 지급할 금액 ⟶ 액면금액(사채표면에 기재된 금액)

② 이자 ⟶ 이자율과 이자지급기일

③ 돈 빌리는 기간 ⟶ 사채의 발행일과 만기일

예를 들어 액면금액 1억 원, 이자율은 매년 말 5% 지급, 만기는 20X3년 12월 31일로 하는 사채가 20X1년 1월 1일 발행되었다고 가정해 보자. 회사는 이 사채를 투자자들에게 발행하게 되며 발행금액을 투자자들에게 조달하게 된다. 이 사채를 보유하고 있는 투자자들은 매년 1억 원의 5%에 해당하는 500만 원을 받을 수 있는 권리가 있으며, 만기시점인 20X3년 12월 31일에 사채의 액면금액인 1억 원을 수령할 수 있는 권리를 보유하게 된다.

사채의 발행조건

이러한 사채는 사채를 발행하는 회사의 신용도와 액면 이자율 조건에 따라 발행조건이 구분된다. 사채를 발행할 수 있는 것은 사채를 구입하려는 사람 즉, 투자자가 있기 때문이다. 다시 말하면 투자자의 입장에서 사채의 가격이 얼마로 결정되어야 투자를 할 것인지에 대해 생각해 보면 사채발행 조건을 쉽게 이해할 수 있다.

예를 들어 어떤 회사가 액면금액 1억 원, 이자율은 매년 말 5%를 지급하는 조건으로 사채를 발행한다고 생각해 보자. 이때 시장에서 이 회사는 최소한 연 7%의 이자를 지급해야 하는 회사라고 판단을 하고 있는 상황이다. 이 경우에 회사가 이대로 사채를 발행하면 사채가 성공적으로 발행되기 힘들 것이다. 시장에서는 7%의 이자를 요구하는데 회사는 5%의 이자만 지급하려고 하기 때문이다.

이때 회사가 사채발행에 성공하려면 할인발행이라는 방법을 사용할 수 있다. 할인발행은 예를 들어 사채 액면가액은 1억 원이지만 이 사채를 9,800만 원에 발행하는 것이다. 발행가액이 9,800만 원이라 하더라도 회사는 매년 액면가액 1억 원에 5%의 이자를 지급하게 되며, 만기시점에 발행가액인 9,800만 원을 지급하는 것이 아니라 액면금액인 1억 원을 지급하게 된다. 이러한 조건으로 현재 사채를 9,800만 원에 발행하게 되면 결국 이자율을 높여주는 결과를 가져오게 된다.

할인발행과 반대되는 경우가 할증발행이다. 예를 들어 회사가 액면금액 1억 원, 이자율은 매년 말 5% 지급하는 조건으로 사채를 발행하는데 시장에서는 회사에 대해 3%의 이자를 요구하는 상황이다. 이런 경우라면 투자자들이 서로 이 사채를 사려고 할 것이기 때문에 회사는 이 사채를 굳이 액면가액 1억 원에 발행할 필요가 없다. 1억 200만 원에 사채를 발행해도 사람들이 살 수 있기 때문이다.

즉, 사채는 기업의 신용도와 액면이자율 조건에 따라 액면발행, 할인발행, 할증발행 등 여러 가지 조건으로 발행이 될 수 있다.

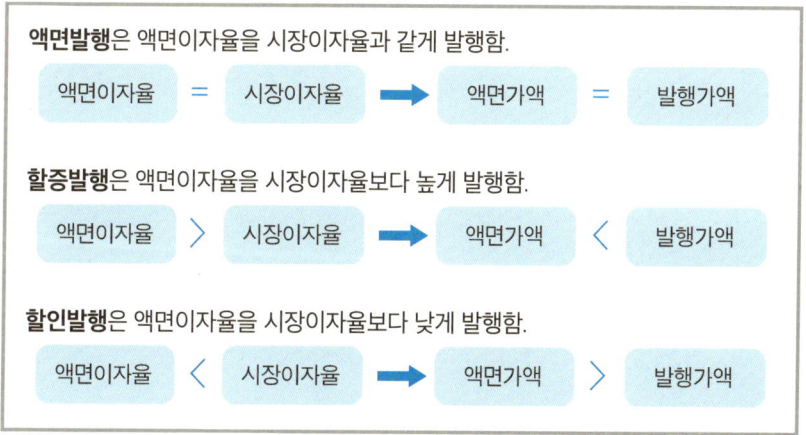

액면발행은 액면이자율을 시장이자율과 같게 발행함.

| 액면이자율 | = | 시장이자율 | ➡ | 액면가액 | = | 발행가액 |

할증발행은 액면이자율을 시장이자율보다 높게 발행함.

| 액면이자율 | > | 시장이자율 | ➡ | 액면가액 | < | 발행가액 |

할인발행은 액면이자율을 시장이자율보다 낮게 발행함.

| 액면이자율 | < | 시장이자율 | ➡ | 액면가액 | > | 발행가액 |

사채를 발행하려면 신용평가를 받아야 한다

사채가 발행될 때에는 여러 가지 과정을 거치게 되는데, 이때 반드시 신용평가기관의 평가를 받아야 한다. 즉, 사채가 발행된 회사의 경우에는 신용평가기관에서 회사에 대해 평가한 내용이 존재하게 된다. 재무제표를 분석할 때 이러한 신용평가기관의 평가를 받은 항목이 있다면, 회사의 전반적인 내용을 판단할 때 이러한 사항을 참고할 수 있다.

이러한 신용평가기관의 평가는 사업보고서에서 확인할 수 있다. 사업보고서에서 좌측의 문서 목차를 보면 'Ⅰ. 회사의 개요' 항목이 있는데 여기에서 신용평가기관의 평가내용을 확인할 수 있다. 그리고 이러한 평가등급에 대한 내용도 같이 확인할 수 있다.

(2) 회사채

평가일	평가대상 유가증권 등	평가대상 유가증권의 신용등급	평가회사 (신용평가등급범위)	평가구분
2022.05.16	회 사 채	AA+	한국신용평가㈜ (AAA ~D)	본평가
2022.05.16	회 사 채	AA+	한국신용평가㈜ (AAA ~D)	정기평가
2022.05.17	회 사 채	AA+	한국기업평가㈜ (AAA ~D)	본평가

※ 회사채 신용등급 예시

등급체계	등급 부여 의미
AAA	원리금 지급능력이 최상임
AA	원리금 지급능력이 매우 우수하지만 AAA의 채권보다는 다소 열위임
A	원리금 지급능력은 우수하지만 상위등급보다 경제여건 및 환경악화에 따른 영향을 받기 쉬운 면이 있음
BBB	원리금 지급능력은 양호하지만 상위등급에 비해서 경제여건 및 환경악화에 따라 장래 원리금의 지급능력이 저하될 가능성을 내포하고 있음
BB	원리금 지급능력이 당장은 문제가 되지 않으나 장래 안전에 대해서는 단언할 수 없는 투기적인 요소를 내포하고 있음
B	원리금 지급능력이 결핍되어 투기적이며 불황시에 이자 지급이 확실하지 않음
CCC	원리금 지급에 관하여 현재에도 불안요소가 있으며 채무불이행의 위험이 커 매우 투기적임
CC	상위등급에 비하여 불안요소가 더욱 큼
C	채무불이행의 위험성이 높고 원리금 상환능력이 없음
D	상환 불능상태임

✏ 사채 Check Point

(1) 사채는 차입금과 더불어 회사의 주요 자금조달원이다.

(2) 사채의 규모와 전기 대비 증감현황을 파악한다.

(3) 사채의 주석을 확인하여 약정조건 및 만기조건을 확인한다.

(4) 사업보고서를 통해 신용평가기관의 평가등급을 확인한다.

Chapter 7 ▶ 불확실한 부채항목 – 충당부채와 우발부채

충당부채는 지출의 시기나 금액이 불확실한 부채를 말한다. 충당부채는 과거사건에 의해서 발생한 현재 의무사항으로, 지출의 시기나 금액이 불확실한 부채를 의미한다. 즉, 회사 입장에서 현재 의무가 존재하기는 하나 언제, 얼마의 금액이 지출될지 알 수 없는 부채이다.

충당부채는 불확실성이 크다 보니 다음의 세 가지 요건을 모두 충족하는 경우에 재무상태표에 부채로 인식한다.

> ① 과거 사건이나 거래의 결과로 현재 의무가 존재한다.
> ② 당해 의무를 이행하기 위하여 경제적 효익을 갖는 자원이 유출될 가능성이 높다.
> ③ 그 의무의 이행에 소요되는 금액을 신뢰성 있게 추정할 수 있다.

우발부채는 충당부채의 요건 중 일부분이 충족이 안 되는 잠재적인 부채이며, 다음의 경우에 해당하는 의무를 의미한다.

① 과거 사건에 의하여 발생하였으나, 기업이 전적으로 통제할 수는 없는 하나 이상의 불확실한 미래 사건의 발생 여부에 의하여서만 그 존재가 확인되는 잠재적 의무
② 과거 사건에 의하여 발생한 현재 의무이지만, 그 의무를 이행하기 위하여 경제적 효익을 갖는 자원이 유출될 가능성이 높지가 않거나, 또는 그 가능성은 높으나 당해 의무를 이행하여야 할 금액을 신뢰성 있게 측정할 수 없는 경우

위에서 언급한 부분은 충당부채와 우발부채를 사전적으로 정의한 것이며, 이를 실제로 이해하기 위해서는 충당부채와 우발부채의 대표적인 예들을 살펴보는 것이 좋다.

충당부채와 우발부채의 대표적인 예로 소송사건, 제품보증, 지급보증 등이 있다.

소송사건

예를 들어 어떠한 회사가 소송을 당했다고 생각해 보자. 회사 입장에서는 이 소송에 대해 승소할지 패소할지 여부와, 패소하였을 때 배상금액이 얼마쯤 될 것인지 예측을 하게 될 것이다. 만약 회사가 소송에서 승소할 것을 예측하여 이러한 내용에 대해 재무제표에 아무런 표시를 하지 않았다고 가정해 보자.

이 소송이 예상한 대로 승소를 하게 된다면 아무런 문제가 발생하지 않을 것이다. 하지만 소송에서 패소하게 된다면 문제가 발생하게 된다. 회사는 이 사건에 대해 승소할 것으로 예측하여 아무런 조치를 취하지

않았는데, 패소를 하게 되면 이에 대한 배상금이 발생하게 된다. 즉, 회사 입장에서 추가적인 부채가 발생하게 될 것인데, 승소할 것으로 예측하여 아무런 조치를 취하지 않은 재무제표를 보고 거래하였던 거래 상대방 입장에서는 갑자기 예측하지 못한 부채가 발생하는 일이 생기는 것이다.

따라서 이러한 선의의 피해가 발생하지 않도록 회사는 소송 등을 당하게 되면 소송에서 이길지 질지에 대한 판단은 회사가 하되, 최소한 소송을 당했다는 사실을 재무제표의 주석에 기재해야 한다. 그리고 이 상황에서 회사가 예측을 해도 패소할 것으로 예측되고, 이때 배상금액이 어느 정도가 될 것인지 신뢰성 있게 추정된다면, 일단 주석에 소송을 당했다는 사실을 기재하고 재무상태표에 추정되는 손실금액을 부채로 인식해야 한다. 이때 주석에 소송을 당했다는 사실을 주석에 기록하는 부분이 우발부채이며, 재무상태표에 금액으로 기록되는 것이 충당부채이다.

제품보증

회사가 제품을 판매하는 시점에서 회사의 정책에 따라 판매한 물건에 대해 일정기간 동안 제품의 품질에 대해 보증을 약속하게 된다. 예를 들어 판매 후 2년 안에 제조상 결함이 발생한 경우 이에 대해 무상으로 A/S를 해 주거나 새로운 제품으로 교환을 해 주게 된다. 이러한 경우 A/S나 제품 교환으로 인해 추가적인 비용이 발생하게 될 것인데, 이러한 부분에 대해 과거의 경험률 등을 이용하여 미리 충당부채를 설정해 놓는 것이다.

지급보증

　지급보증도 소송과 마찬가지로 미래에 발생할 수 있는 불확실한 부채항목이다. 예를 들어 A라는 회사가 B라는 회사의 채무에 대해 지급을 보증하였다고 생각해 보자. B회사가 사업을 잘 하여 채무를 잘 상환하는 경우라면 아무런 문제가 발생하지 않는다. 하지만 B회사의 상황이 좋지 못하여 채무를 이행하지 못하게 되면, 이 채무에 대해 A회사가 지급보증을 하였기 때문에 이제 A회사의 채무가 된다.

　만약 이러한 지급보증을 서준 사실을 주석 등을 통해 공시를 하지 않았다면, 소송과 마찬가지로 선의의 피해자가 발생할 수 있다. 따라서 회사가 다른 회사 등에게 지급보증을 서주게 되면, 이러한 사실을 최소한 주석에 기록해야 하며, 실제 지급을 해 주어야 하는 일이 발생하면 부채항목에 충당부채로써 인식해야 한다.

주석을 통해 우발부채를 확인하자

　충당부채와 우발부채는 기업 입장에서 잠재적인 부채가 된다는 점에서 재무제표를 분석할 때 주의해야 한다. 충당부채 같은 경우에는 재무상태표에 부채금액으로 기록되기 때문에 상관없지만, 우발부채는 주석에만 기재가 되다 보니 이를 간과하고 넘어가는 경우가 있다. 하지만 주석을 통해 우발부채를 확인하여 미래의 불확실한 사건이 있는지에 대해 반드시 파악을 해 두어야 한다.

충당부채와 우발부채 Check Point

(1) 충당부채와 우발부채는 불확실성이 큰 부채항목이다.

(2) 우발부채는 재무상태표에 직접 표시가 되지 않기 때문에 주석항목을 통해 우발부채의 존재 여부를 확인해 볼 필요가 있다.

퇴사 시 최후의 보루 -
퇴직급여

회사는 사업을 영위하기 위해 자산을 보유하며, 이러한 자산을 갖추기 위해 부채와 자본으로써 필요한 자금을 조달하게 된다. 그럼 회사의 입장에서 종업원은 자산에 해당할까? 부채에 해당할까?

회계상으로 종업원들은 부채?

사실 종업원들은 당연히 자산이 되어야 한다. 왜냐하면 회사가 종업원들을 통해 사업을 영위하며 이를 바탕으로 돈을 벌기 때문이다. 하지만 안타깝게도 재무상태표의 자산을 보면 종업원들의 이름이 기록되어 있지 않다. 즉, 회계상으로는 자산이 아니라는 뜻이다.

우리는 왜 자산으로 기록될 수 없을까? 이유는 종업원들에 대한 가치를 객관적인 수치로써 평가하는 것이 어렵기 때문이다. 즉, 내가 회사 입장에서 어느 정도의 가치를 지닐까를 생각해 볼 때 나 자신이 생각할 때에는 20억 원이 될 수도 있지만, 동료가 볼 때에는 10억 원이 될 수도 있는 것이고, 다른 사람이 볼 때에는 5억 원이 될 수도 있는 것이기 때문이다. 따라서 우리는 자산이 맞지만 회계상으로는 기록이 되지 않는 자산인 것이다.

재미있는 것은 오히려 회계상으로는 우리들이 부채가 된다는 점이다. 내가 이렇게 열심히 일하는데 왜 내가 부채가 된다는 것일까?

그 이유는 우리가 열심히 일하면 일한 대가로 회사는 우리에게 급여를 지급해 주며, 급여 이외에도 우리에게 퇴직금을 지급해 주어야 하는 의무가 발생하기 때문에 부채로 기록이 되는 것이다.

퇴직급여제도의 도입

우리는 급여 이외에 얼마의 퇴직금을 받게 될까? 보통 많이들 알고 있는 것처럼 퇴직금으로 평균급여(보통 퇴사 직전 3개월치를 평균한 1개월치 급여) × 근속연수 금액을 퇴직금으로 지급받게 된다. 법률상 퇴직금은 이 금액 이상 주는 것으로 되어 있기 때문이다.

그런데 이러한 퇴직급여가 지급되는 방식에 변화가 생겼다. 예전에는 퇴직금으로 산정된 금액이 회사의 부채로 쌓여 있다가 실제 퇴사자가 나오게 되면 현금이 지급되고 부채가 없어지는 식으로 퇴직금이 정산이 되었다. 하지만 이러한 방식은 근본적인 문제점이 있다. 회사가 운영이 잘 되면 문제가 없겠지만, 상황이 안 좋아서 회사가 망하게 된다면 사실상 퇴직금을 지급받지 못하게 되는 문제가 발생하는 것이다.

따라서 근로자의 퇴직금에 대해 수급권을 보장하기 위해 도입된 제도가 바로 퇴직급여제도이다. 퇴직급여제도에서는 회사가 퇴직금에 해당되는 부분을 부채로만 쌓아 놓지 않고, 회사 외부의 독립된 금융기관(은행, 증권사, 보험사 등)에 자금을 예치시켜 놓는다. 그렇게 되면 회사의 상황이 안 좋아지더라도, 최소한 퇴직금은 종업원들에게 지급될 수 있도록 수급권을 보장해 주는 것이다.

그런데 자금을 회사의 외부에 예치를 하다 보니, 쌓여 있는 자금을 운영을 해야 하는데 이때 자금 운영 책임이 누구에게 있는지에 따라 확정급여형 제도와 확정기여형 제도로 퇴직급여제도가 구분된다.

확정급여형 제도(DB형)

확정급여형 제도는 퇴직 후 퇴직금으로 지급될 예상급여를 확정시키고 이 금액에 대한 지급을 기업이 보증하는 형태이다. 확정급여형 제도인 경우에는 퇴직금을 예치할 금융기관을 회사가 선택하게 되며, 이때 적립된 기금을 어떻게 운영할지에 대해 회사가 결정하게 된다.

만약 기금의 운영이 잘 되어서 이익이 많이 발생하게 되면 발생한 이익은 회사의 이익이 된다. 하지만 운영이 잘못되어 손실이 발생하게 되면 손실이 발생한 부분에 대해 회사가 추가적으로 불입을 하여 종업원은 퇴사할 때 지급규정에 따른 금액을 지급받게 된다. 즉, 종업원 입장에서는 지급받게 될 퇴직금이 확정되어 있는 제도이다.

확정기여형 제도(DC형)

확정기여형 제도는 기업이 지급해야 할 퇴직금을 회사 외부의 금융기관에 예치시키고, 그 이후의 퇴직금에 대한 운영 책임은 종업원에게 있는 제도이다. 이 경우에 예치되어 있는 퇴직금이 잘 운영되어 이익이 많이 나게 되면 종업원이 받게 될 퇴직금이 증가하게 된다. 하지만 운영이 잘 안 되어 손실이 발생하게 되면 종업원이 받게 될 퇴직금이 줄어들게 되는 방식이다. 다시 말해, 종업원이 내가 받게 될 퇴직금에 기여하여 스스로 관리하는 퇴직금 운영방식이다.

확정급여형 제도 (Defined Benefit Plan)	확정기여형 제도 (Defined Contribution Plan)
• 기업의 의무는 약정한 급여를 전·현직 종업원에게 지급하는 것이며, 투자위험은 실질적으로 기업이 부담 • 투자실적에 따라 기업의 의무금액은 변동할 수 있음	• 기업의 법적의무나 의제의무는 기업이 기금에 출연하기로 약정한 금액까지로 한정 • 종업원이 받을 퇴직급여액은 기업과 종업원이 퇴직급여제도나 보험회사에 출연하는 기여금과 그 기여금에서 발생하는 투자수익에 따라 결정

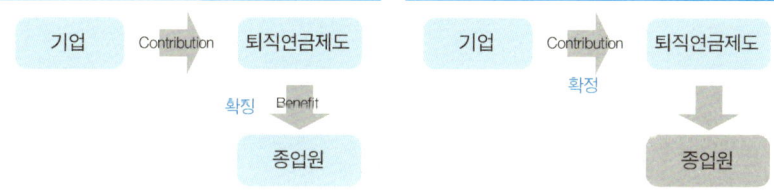

퇴직급여 Check Point

(1) 기업은 종업원들에게 급여 이외에 일정금액 이상의 퇴직금을 지급해야 한다.
(2) 퇴직급여제도는 운영방식에 따라 확정급여형 제도와 확정기여형 제도로 구분된다.

자본은 주주의 몫이다

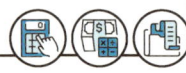

자본은 자산에서 부채를 차감한 나머지 부분이며, 회사의 주주가 가져갈 몫에 대한 부분이다. 이러한 자본은 몇 가지로 구분이 될 수 있는데, 크게 보면 최초에 사업을 시작하면서 투자하였던 투자 원금에 대한 부분과 사업을 진행하면서 창출한 이익들이 누적되어 있는 부분으로 구분될 수 있다. 각각의 자본 계정들이 가지는 의미가 무엇인지 알아보도록 하자.

자본금과 자본잉여금

사업을 하기 위해서는 아무리 능력이 출중한 사람이라도 우선 기본적인 투자 원금이 필요하다. 회사는 두 가지 방법으로 자금을 확보할 수 있는데 바로 차입 등을 통해 부채로서 조달하는 것과 회사의 주인인 주주에게 출자를 받는 것이다.

앞서 부채에 대한 내용은 설명을 하였으니 이번에는 자본에 대해서 생각을 해 보도록 하자.

사업을 하기 위한 기본 자금을 확보하기 위해 주주로부터 자금을 투자받게 되는데, 이를 출자라고 한다. 즉, 주주들에게 주식을 발행하고 그 대가로서 자금이 회사 내부로 유입되며 이러한 자금들이 자본의 구성항목이 된다. 이렇게 출자를 통해 자본이 증가하게 되는데 이를 다시 자본금과 자본잉여금으로 구분하게 된다.

주식의 발행가액 중에 액면가액에 해당하는 부분은 자본금이 되며, 액면가액을 초과하여 주주들이 납입한 금액은 주식발행초과금이라는 자본잉여금 항목으로 구분한다.

예를 들어 액면금액 5,000원짜리 주식을 한 주 발행하면서, 주주들에게 8,000원의 자금을 출자받았다면 우선 액면금액 5,000원은 무조건 자본금이 되며 액면금액을 초과하여 출자받은 3,000원은 자본잉여금이 된다.

유상증자는 호재인가? 악재인가?

유상증자란 회사가 사업을 하는 도중에 추가적으로 주식을 발행하여 자본을 확충하는 행위이다. 유상증자를 하게 되면 회사 내부로 현금이 유입될 뿐만 아니라 회사의 자본이 동시에 증가하므로 재무구조를 좋게 해 줄 수 있다. 회사 입장에서 나쁠 것이 없어 보이는 유상증자는 주주 입장에서 과연 호재일까? 악재일까?

결론부터 말하자면 유상증자는 주주입장에서 상당한 악재가 될 가능성이 높다. 실제로 주식시장에서 유상증자를 한다는 소문이 돌면 회사의 주가가 많이 떨어지는 현상이 나타난다. 그렇다면 유상증자는 왜 악재가 되는 것일까?

예를 들어 내가 매우 좋은 사업 기회를 발견했다고 생각해 보자. 이 사업은 투자자금 100억 원이 필요한데, 만약 사업이 성공적으로 잘 진행되면 100%의 수익이 발생하여 200억 원을 벌 수 있다. 이 투자를 하기 위해 여유자금이 얼마나 있는지 확인해 보니 50억 원의 자금이 존재하며, 부족한 자금 50억 원을 어떻게 조달할 것인지 고민을 하고 있다.

만약 이 투자를 할 때 증자로써 자금조달을 한다면 어떻게 될까? 다시 말해 투자를 하기 위해 회사를 하나 설립하고 50억 원은 자기자금으로, 부족한 50억 원은 증자를 통해 자금조달을 하였다고 생각해 보자. 실제로 사업이 성공적으로 마무리 되어 200억 원을 벌게 되면, 이 수익을 나와 다른 주주가 각각 100억 원씩 나눠 가지게 될 것이다. 다시 말해 나는 50억 원을 투자하여 100억 원을 벌게 되는 것이다. 하지만 사업이 잘못되어 회사가 망한다면 어떻게 될까? 물론 내가 투자한 50억 원은 회수가 힘들게 될 것이다. 하지만 이 사업에 같이 투자한 동업자 역시 같이 망하게 되는 것이며 나는 이에 대한 아무런 의무도 발생하지 않는 상황이 된다.

이때 자금을 부채로써 조달하게 되면 이야기가 달라진다. 투자를 하기 위해 50억 원은 자기자금으로 조달을 하고, 부족한 자금 50억 원을 10%의 이자를 주기로 하고 조달하였다고 가정해 보자. 이때 투자가 성공적으로 진행이 된다면 투자수익 200억 원이 발생하게 될 것인데, 이 200억 원 중에서 자금을 빌려준 투자자에게 50억 원의 원금과 그에 따른 이자 5억 원을 지급해 주고 나면 나머지 145억 원은 내 몫이 될 수 있는 것이다.

하지만 투자가 잘못되어 회사가 망하게 되면 이야기는 심각해진다. 회사가 망했기 때문에 내 투자원금 50억 원은 당연히 없어지게 된다. 하지만 투자자는 나에게 자금을 빌려준 것이지 나와 같이 사업을 한 것이 아니다. 따라서 50억 원과 이자 5억 원에 대한 지급의무가 사라지는 것은 아니다. 즉, 나는 빚이 55억 원 발생하게 되는 것이다.

만약 이러한 상황에서 이 사업기회가 성공할 것이 확실하다면 나는 필요한 자금을 자본으로 조달할 것인가 차입으로 조달을 할 것인가? 당연히 사업에 대한 확신만 있으면 어떤 식으로든 차입으로 조달하려고 할 것이다. 하지만 사업에 대한 확신이 떨어진다면? 사업에 대한 확신이 낮다면 당연히 위험을 분산하기 위해 증자의 방법으로 자금을 조달할 가능성이 높다.

즉, 유상증자라는 이벤트를 시장에서는 사업성이 떨어지는 투자안으로 생각할 수 있는 것이다. 사업성이 좋은 투자안이라면 당연히 증자보다는 차입이라는 방식으로 자금을 조달하려고 했을 것이기 때문이다. 그리고 이것은 거꾸로 말해 원래 회사가 자금이 부족한데, 차입이 원활하지 않다 보니 어쩔 수 없이 증자로 자금을 조달하려는 것이라고 생각할 수밖에 없는 것이다.

사업을 하기 위해 필요한 자금을 조달할 때에는 우선순위가 있다. 일단 사업을 하기 위해 가장 좋은 자금 조달원은 내부유보자금이다. 즉, 기존에 사업을 통해 번 돈을 회사 내부에 쌓아 놓았다가 재투자를 하는 것이다. 하지만 이러한 내부유보자금이 부족하게 되면 다음으로 조달하는 방법이 바로 차입이다. 그리고 이마저도 부족하게 되면 증자의 방법을 동원하게 되는 것이다.

자본을 줄이는 행위, 감자

자본을 증가시키는 증자에 대해 알아보았으니 이제는 반대 상황인 감자에 대해서 알아보도록 하자. 감자는 말 그대로 자본을 줄이는 행위이다. 회사가 감자를 실시한다면 이를 유가증권시장에서 어떻게 받아들일까? 감자라는 이벤트 역시 유가증권시장에서는 상당한 악재로 받아들인다. 그렇다면 감자라는 이벤트는 왜 악재이며 어떠한 경우에 발생되는 걸까?

예를 들어 어떠한 회사가 사업을 영위하다가 일이 잘 안 풀려 부도 직전에 처해 있다고 생각해 보자. 회사는 이미 거의 망한 상태이기 때문에 회사에 대한 가치는 없다고 볼 수 있다. 이는 다시 말해 회사의 주인인 주주에 대한 몫 즉, 자본가치가 거의 없다는 의미이다. 이러한 상황에서 회사를 정리하기 위해 채권자들이 협의를 진행하고 있다. 그런데 현 상황에서 회사를 정리하는 것보다 추가로 자금지원을 하여 회사를 회생시킨 이후에 채권을 회수하는 것이 더 낫다고 판단할 수 있다.

이때 만약 누군가가 나타나서 회사에 추가적인 자금을 지원한다면? 그리고 실제 이러한 지원을 바탕으로 회사가 회생을 한다면 가장 기분 좋은 사람은 누구일까?

　당연히 기존 주주들이 가장 기분 좋을 것이다. 왜냐하면 회사는 이미 망가진 상태이기 때문에 기존 주주에 대한 몫이 거의 없는 상황이다. 그러한 상황에서 회사가 다시 살아나게 된다면 기존 주주의 몫도 다시 회복되는 것이기 때문이다. 물론 추가로 자금을 지원해 준 사람도 손해를 보진 않을 것이다. 자금을 지원해 준 사람도 당연히 자금지원에 대한 대가를 받기로 하고 자금을 지원해 주었을 것이기 때문이다.

　하지만 추가로 자금을 지원하는 입장에서는 이러한 상황이 마음에 들지 않을 것이다. 자금지원으로 회사가 회생하면 그나마 다행이지만 회사가 회생하지 못한다면 추가로 지원한 자금을 회수하지 못할 위험이 있기 때문이다. 즉, 회사가 살아나지 못할 경우의 리스크는 자금지원자가 부담하면서 회사가 살아났을 때의 효익은 기존 주주가 가져가게 되는 불합리한 일이 발생하는 것이다.

　따라서 이러한 일들이 발생되지 않도록 추가적인 자금지원을 하기 전에 하는 행위가 바로 감자이다. 즉, 회사의 상황이 안 좋아지게 된 책임을 기존 주주에게 물리는 것이다. 감자를 통해 기존 주주의 지분을 감소시키고 그 이후에 추가적인 자금을 지원해 주는 방식으로 기업 회생 절차를 밟게 된다.

　참고로 이때 추가 자금지원의 주체가 되는 이들은 보통 기존의 채권자들이 되는 경우가 많다. 우선 감자를 통해 기존 주주에 대한 지분을 감소시키고, 그 이후에 채무를 탕감해 주거나 출자전환하는 방식으로 회사를 회생시키는 절차를 진행하게 된다.

이익잉여금과 기타포괄손익누계액

회사 입장에서 자본이 증가하는 경우는 두 가지가 있다. 첫째는 회사가 주주와의 거래를 통해 자본을 증가시키는 것이다. 즉, 증자 등을 통해 회사로 자금이 유입되면 자본이 증가한다. 둘째는 사업을 통해 발생한 이익이 회사 내부로 쌓여 자본이 증가하는 것이다.

첫 번째의 경우를 자본거래라고 하며, 두 번째의 경우를 손익거래라고 한다. 자본거래로써 증가된 자본은 자본금과 자본잉여금으로 분류되며, 손익거래로써 증가된 자본은 이익잉여금으로 분류된다.

따라서 회사의 이익잉여금이 전기 대비 증가하였다면 회사가 사업을 통해 당기순이익이 발생하였다는 의미이다. 반대로 회사의 이익잉여금이 감소하였다면 당기순손실이 발생되었거나 주주에게 배당을 한 것이다.

배당을 하면 왜 이익잉여금이 감소하는지 궁금할 수 있는데, 배당은 사업을 통해 창출한 이익을 주주들에게 환원하는 개념이다. 따라서 그동안 사업을 하여 계속 당기순이익이 발생되었다면 이익잉여금 역시 증가하였을 것이다. 이때 회사가 주주들에게 배당을 하게 되면, 회사 외부로 현금이 지출되며 동시에 그동안 쌓여 있던 이익잉여금도 같이 줄어들게 되는 것이다.

한편 자본의 또 다른 항목으로 기타포괄손익누계액이라는 계정이 있다. 기타포괄손익은 넓은 의미에서는 손익이지만, 아직 실현되지 않은 상태라서 이익잉여금을 구성할 수 없는 항목들로 구성된다. 대표적인 예로 주식이나 유형자산 등의 시가 변동분에 대해 평가를 한 부분이 기타포괄손익누계액으로 구분되는데, 아직 실현된 상태가 아니기 때문에 회사로 현금이 유출입된 것이 아니다. 그리고 나중에 시가가 계속 변동될 수 있는 부분이기 때문에 이에 대한 평가손익을 인식하지 않고 기타자본구성요소 항목인 기타포괄손익누계액에 기록해 놓는 부분이다.

재무상태표에 나타난 위험과 효익

재무상태표의 각 계정과목에 대한 전반적인 이해가 된 상태라면 이제 아래 그림을 보며 다음 두 가지 질문에 대답을 해보도록 하자.

| 재무상태표 |

유동자산	유동부채
	비유동부채
비유동자산	자본

(질문 1) 자본 조달을 나타내는 재무상태표의 오른쪽(부채와 자본) 구성항목을 살펴볼 때, 투자자의 입장에서 부담하게 되는 위험과 기대수익은 아래로 갈수록 (유동부채 → 비유동부채 → 자본) 어떻게 변하는가?

(질문 2) 조달된 자본의 활용을 나타내는 재무상태표의 왼쪽(자산) 구성항목을 살펴볼 때, 회사의 입장에서 부담하게 되는 위험과 기대수익은 아래로 갈수록 (유동자산 → 비유동자산) 어떻게 변하는가?

우선 첫 번째 질문에 대해 생각해 보자.

투자자 입장에서 회사에 부채 형태로써 투자를 한다는 것은 회사 입장에서 채권자가 된다는 의미이다. 이때 투자자는 일정기간 동안 약정을 맺고 회사에 자금을 빌려 주게 되는 것이다. 그에 따른 위험은 약정을 맺은 기간 내에 회사가 부도나게 될 위험이다. 자금을 빌려 준 회사가 부도가 나게 되면 빌려 준 자금의 회수 가능성이 매우 떨어지기 때문이다. 이러한 경우라면 당연히 약정에 따른 기간이 길어질수록 불확실성이 커지기 때문에 위험이 커지게 된다. 그리고 이러한 위험에 대한 반대급부로 채권자는 그에 따른 대가를 요구할 것이기 때문에 동일한 부채로 자금을 빌려준다 하더라도 유동부채보다 비유동부채로 자금을 빌려 주는 것이 위험과 그에 따른 요구수익률이 모두 커지게 될 것이다.

투자자가 회사에 자본 형태로서 투자를 한다는 것은 회사의 주식을 매입한다는 의미로, 쉽게 말해 회사와 같이 동업을 하는 것이라고 생각하면 된다. 즉, 회사와 같이 위험과 수익을 공유하는 것인데, 사업이 잘 되어 많은 이익을 창출하게 되면 주주로써 가져가게 될 몫이 커지게 되며, 만약 손실이 나게 된다면 투자 원금이 훼손될 수도 있는 것이다. 당연히 채권자로서 투자하는 것보다 부담하게 되는 위험이 커지게 되며, 그에 따라 원하는 요구수익률 역시 커지게 된다.

예를 들어 투자자가 A라는 은행에 유동부채 형태로서 투자한다는 것은 A은행에 1년짜리 정기예금을 가입하는 것이다. 그리고 비유동부채로서 투자한다는 것은 A은행에 2~3년짜리 정기예금을 가입하는 것과 마찬가지이다. 마지막으로 자본형태로써 투자한다는 것은 A은행의 주식을 투자하는 것이다. 당연히 주식투자방식이 채권자로서 투자하는 것보다 위험과 기대수익률이 커질 수밖에 없다.

그리고 이러한 내용을 회사 입장에서 생각해보면, 회사는 부채형태로써 자금을 차입하는 것보다 자본형태로써 자금을 조달하는 것이 더 높은 대가를 지급하고 자금을 조달하는 것이다. 다시 말해, 자본이 부채보다 더 비싼 자금이라는 의미이다.

두 번째 자금 활용측면을 생각해 보자.

이때는 자금을 운용하는 입장이기 때문에 내가 경영자라고 생각해 보면 좀 더 이해가 쉽다.

회사의 재무상태표를 살펴볼 때 유동자산에서 처음으로 볼 수 있는 항목은 바로 현금이다. 현금은 위험이 없는 자산이지만 그에 따른 수익도 없는 무위험자산이다. 유동자산에서 조금 더 아래에 있는 항목으로 대표적인 것이 바로 재고자산이다. 재고자산은 회사가 판매를 위해 매입 또는 생산하였다가 일정한 마진을 붙여서 판매를 하게 된다. 따라서 판매만 잘 된다면 상당한 수익을 기대할 수 있는 자산이다. 다만 재고자산은 판매가 되지 않을 수 있는 위험이 존재한다.

그리고 비유동자산의 항목에서 대표적으로 생각할 수 있는 자산은 바로 유형자산이다. 즉, 설비투자에 대한 부분인데 설비투자를 성공적으로 진행하여 공장이 효율적으로 가동된다면 레버리지 효과가 발생하기 때문에 큰 수익을 가져다 줄 수 있다. 하지만 이러한 설비투자를 잘못하게 된다면 회사에 상당한 손실을 안겨주게 되며 심한 경우에는 회사가 망하게 될 수도 있는 것이다.

따라서 결국 자금을 조달하는 측면이나 조달한 자금을 운영하는 측면 모두에서 아래로 가는 구성을 하면 할수록 위험과 그에 따른 기대수익이 커지게 된다. 다시 말해 아래로 갈수록 변동성이 커진다는 의미이다. 따라서 재무상태표를 살펴볼 때, 이러한 내용을 이해하고 전체적으로 자산과 부채, 자본의 구성이 어떻게 되어 있는지를 살펴보면 회사의 변동성과 보유한 위험에 대한 부분을 이해하는 데 도움이 될 수 있다.

재무제표 쉽게 읽기

회사의 성적표 -
손익계산서

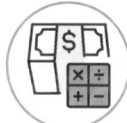

나는 계속 배우면서 갖추어 간다.
언젠가는 나에게도 기회가 올 것이다.

- 링컨 -

손익계산서를 알아보자

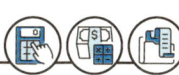

　손익계산서는 일정기간 동안 기업이 창출한 실적에 대한 부분을 하나의 정형화된 양식으로 보여주는 보고서이다. 기업은 사업을 영위하면서 수익을 창출하게 되며, 그러한 과정에서 여러 가지 비용이 발생하게 된다. 결국 기업이 얼마나 사업을 잘 하여 이익을 많이 내고 있는지를 알기 위해서는 손익계산서를 분석하여야 한다.

손익계산서의 의미

　여러분이 고등학교 졸업 20년만에 동창회에 참석을 했다고 생각해보자. 그동안 꾸준히 연락을 하고 지낸 친구들도 있을 것이며, 졸업 후 소식만 간간히 듣다가 20년 만에 만나본 친구들도 있을 것이다. 그동안 어떻게 살아왔는지 서로 안부를 묻고 학창시절의 추억들을 떠올리면서 즐거운 시간을 보낼 것이다. 이렇게 한차례 대화가 끝이 나면 자연스럽게 연봉에 대한 이야기와 재테크에 대한 이야기를 하게 된다. 사실 사람인 이상 비교대상이 얼마를 벌고 있는지, 재테크는 어떻게 하고 있는지에 대해 늘 궁금해 한다. 만약 비교대상이 나보다 연봉도 훨씬 많고 재테크도 쏠쏠하게 해온 사실을 알게 되면 겉으로는 태연한 척 하지만 마음속으로는 씁쓸해 하기도 하고, 반대로 나보다 못하다는 것을 알게 되면 상대적으로 마음의 위안을 얻기도 한다.

　이러한 비교는 단지 사람들 사이에서만 국한되지는 않는다. 우리가 어떠한 회사를 분석할 때에도 가장 관심이 많이 가는 것은 역시나 그 회사가 얼마나 돈을 잘 벌고 있는지에 관한 사항이다. 그리고 이러한 것을 알기 위해 우리는 손익계산서를 분석할 줄 알아야 한다.

포괄손익계산서와 손익계산서

　손익계산서는 일정기간 동안 회사의 경영실적을 보여주는 재무제표이다. 즉, 일정기간 동안 회사가 얼마를 벌었고(수익), 얼마를 썼으며(비용), 그래서 얼마를 남겼는지(이익)를 손익계산서를 통해 알 수 있다.

　우선 손익계산서의 종류에 대해 알아보자.

| 손익계산서 |

손익계산서

제56기 : 2024년 1월 1일부터 2024년 12월 31일까지

제55기 : 2023년 1월 1일부터 2023년 12월 31일까지

삼성전자주식회사 (단위 : 백만 원)

과 목	주석	제56(당)기		제55(전)기	
Ⅰ. 매출액			209,052,241		170,374,090
Ⅱ. 매출원가	24		152,061,472		144,023,552
Ⅲ. 매출총이익			56,990,769		26,350,538
판매비와관리비	24,25	44,629,735		37,876,835	
Ⅳ. 영업이익(손실)			12,361,034		(11,526,297)
기타수익	26	10,351,185		29,643,315	
기타비용	26	540,542		375,723	
금융수익	27	7,717,689		7,388,664	
금융비용	27	8,139,788		7,598,459	
Ⅴ. 법인세비용차감전순이익			21,749,578		17,531,500
법인세비용(수익)	28	(1,832,987)		(7,865,599)	
Ⅵ. 당기순이익			23,582,565		25,397,099
Ⅶ. 주당이익	29				
기본주당이익(단위 : 원)			3,472		3,739
희석주당이익(단위 : 원)			3,472		3,739

| 포괄손익계산서 |

포괄손익계산서

제56기 : 2024년 1월 1일부터 2024년 12월 31일까지

제45기 : 2023년 1월 1일부터 2023년 12월 31일까지

삼성전자주식회사

(단위 : 백만 원)

과 목	주석	제50(당)기		제49(전)기	
I. 당기순이익			23,582,565		25,397,099
II. 기타포괄손익			(352,470)		(216,079)
후속적으로 당기손익으로 재분류되지 않는 포괄손익			(352,470)		(216,079)
1. 기타포괄손익-공정가치금융자산평가손익	8,23	239,748		356,472	
2. 순확정급여자산 재측정요소	17,23	(592,254)	−	(572,551)	
후속적으로 당기손익으로 재분류되는 포괄손익			−		−
III. 총포괄이익			23,230,095		25,282,050

위의 두 그림은 모두 삼성전자에 대한 손익계산서이다. 한 회사에서 왜 두 가지 손익계산서가 있는지 궁금할 것이다. 이를 이해하기 위해 우선 기타포괄손익의 개념을 이해해야 한다.

자본에서 언급하였듯이 기타포괄손익은 언젠가는 이익이나 손실로 가게 될 가능성이 높은 부분인데, 여러 가지 이유 때문에 해당 회계기간에서 아직 손익계산서에 이익으로 인식하기 힘든 부분이다. 당기순이익에서 현재 미실현손익인 기타포괄손익을 더하면 총포괄이익이 된다.

당기순손익 + 기타포괄손익 = 총포괄손익

한국채택국제회계기준에서는 당기순이익뿐만 아니라 향후에 잠재적으로 발생하게 될 기타포괄손익도 같이 보여주는 것을 요구하고 있다.

위의 두 그림 중에서 손익계산서는 1년 동안 실현된 이익을 보여주는 것이고, 포괄손익계산서는 당기순이익에서부터 시작을 해서 추가로 기타포괄손익이 어떻게 되는지를 보여주는 것이다.

두 재무제표 중에서 우선 실현된 이익으로 표시되는 손익계산서를 위주로 분석을 하면 된다. 그리고 그 이후에 추가적으로 포괄손익계산서를 같이 참고하면 될 것이다.

손익계산서의 구조

이제 본격적으로 손익계산서의 구조를 살펴보도록 하자. 우선 아래 그림을 통해 손익계산서의 기본 양식을 눈에 익혀주길 바란다.

손익계산서
20×1.1.1.~20×1.12.31.

(주)한국	(단위:원)
Ⅰ. 매출액	×××
Ⅱ. 매출원가	(×××)
Ⅲ. 매출총이익	×××
Ⅳ. 판매비와관리비	(×××)
Ⅴ. 영업이익	×××
금융수익	×××
금융비용	(×××)
영업외수익	×××
영업외비용	(×××)
Ⅵ. 법인세비용차감전순이익	×××
Ⅶ. 법인세비용	(×××)
Ⅷ. 당기순이익	×××

**"기업의 이익을
단계적으로
보여준다."**

손익계산서는 일정기간 동안의 경영성과가 어떻게 되는지 보여주는 재무제표라고 언급하였다. 위의 그림에서는 20X1년 1월 1일부터 12월 31일까지 즉, 1년 동안 회사의 수익이 얼마인지, 그리고 비용은 얼마인지, 결국 이익이 얼마가 되는지에 대한 정보가 들어가 있다. 그리고 이때 이익을 단계별로 보여주는데 각각 단계별 이익이 가지고 있는 의미를 파악해야 한다. 이제 구체적으로 손익계산서의 계정들에 대해 알아보도록 하자.

손익계산서에는
어떤 항목들이 있나?

손익계산서는 결국 회사가 얼마나 이익을 많이 내고 있는지를 보기 위한 표이다. 이때 이익이 얼마나 많은지를 보는 것도 중요하지만, 어떤 과정을 통해 수익을 창출하였고, 어떤 항목에 비용을 많이 지출하였는 지를 분석하면서 회사의 방향성에 대해 이해할 수 있는 능력을 가지는 것이 더욱 중요하다. 이러한 부분들을 파악하기 위해 손익계산서의 기본 계정과목에 대한 이해가 필요하다.

주업에서 발생한 수익, 매출액

매출액은 손익계산서를 볼 때 제일 처음 보게 되는 항목이며 매우 중요하게 다루어지는 항목이다. 매출액은 회사가 주된 사업의 결과로서 창출하는 대표적인 수익항목이다.

회사가 일반 제조업이라면, 물건을 만들어서 판매하는 것이 주업이다. 따라서 일반 제조업에서는 물건(제품)을 판매한 금액들의 합계금액이 매출액이 된다. 만약 회사가 은행이라면 돈을 빌려주고 받는 것이 주업이 되기 때문에 이자 수익이나 수수료 수익 같은 것이 매출액이 될 것이다(실제 금융회사의 손익계산서에서는 매출액이 아닌 영업수익 항목으로 표시하고 있음).

이처럼 매출액은 본업에서 발생한 수익을 의미하기 때문에 회사의 이해관계자들이 모두 관심을 가지는 숫자이다. 일단 회사를 운영한다는 것은 돈을 벌기 위해서인데, 매출액은 본업에서 돈을 얼마나 벌었는지를 보여주는 지표이기 때문이다. 그리고 당연히 회사는 성장을 해야 하기 때문에 매출액 역시 계속 증가해 주는 것이 바람직하다.

매출액의 짝꿍, 매출원가

회사가 아무런 비용 없이 매출만 발생시킬 수 있다면 금상첨화겠지만 보통은 매출을 발생시키기 위해 그에 상응하는 대가가 지불될 수밖에 없다. 그리고 매출원가가 바로 매출액에 직접 대응되는 비용항목이다.

예를 들어 빵을 만들어서 판매를 한다고 하면 빵을 만들기 위해 밀가루나 계란 등의 원재료가 필요할 것이며, 빵을 만드는 제빵사에게 줄 급여도 필요할 것이다. 또한 빵을 굽기 위한 오븐 등의 설비자산도 필요할 것이다. 이러한 것들이 결국 매출원가를 구성하게 되는 요소들이다.

제품의 경쟁력, 매출총이익

어떠한 물건을 살 때 판매자로부터 밑지고 판다던지 혹은 원가 이하로 판매한다는 말을 자주 듣곤 한다. 과연 이 말은 사실일까? 보통은 실제 손해를 보면서 파는 것은 아니지만, 그만큼 싸게 판다는 의미로 해석하면 될 것이다. 그리고 바로 이러한 것을 볼 수 있는 지표가 바로 매출총이익이다.

매출총이익은 손익계산서의 구조상 우리가 제일 처음 보게 되는 이익항목이다. 즉, 매출액에서 매출원가를 차감하면 나오는 이익이다. 이 매출총이익이 가지고 있는 의미는 무엇일까?

어떤 회사가 매출총이익이 매우 높다라고 하면 물건을 판매할 때 받게 되는 판매가에서 그 물건을 만들기 위해 발생한 원가의 차이 즉, 마진율이 높다는 의미가 된다. 당연히 회사의 수익성에 가장 큰 영향을 미치는 부분이 될 것이다. 우리가 원가절감을 중요시 하는 이유가 바로 똑같은 가격에 판매를 하더라도 매출원가에 따라 이익률이 달라질 수 있기 때문이다.

그렇다면 진짜 밑지고 판다는 말은 모두 거짓일까? 대개는 거짓말이 겠지만 실제 밑지고 파는 경우도 존재한다. 미끼상품이나 사회 공헌형 상품 등이 바로 그러한 예이다.

미끼상품은 유통업체에서 고객을 유인하기 위하여 통상의 판매가격보다 대폭 할인하여 판매하는 상품이다. 예를 들면 시중에서 1개에 4,000원 하는 우유를 어떤 마트에서 2,000원 정도의 값으로 판매한다는 광고를 하는 경우, 소비자들은 싼 가격에 이끌려 그 마트를 찾게 된다. 값싼 우유를 미끼로 사용하여 소비자들을 불러 모은 다음 다른 상품의 판매를 유도하여 매출을 늘리려는 판매정책이다.

이러한 미끼상품 이외에도 사회환원이나 기업 이미지 재고차원에서도 일부 제품에 한해 손해를 보고 판매를 할 수 있다. 예를 들어 특수분

유 같은 것이 대표적인 사회 공헌형 제품이 될 수 있는데, 수요층이 매우 작아 수익성을 생각하면 진작 접었어야 하지만 사회공헌을 위해 이익부분을 포기하는 것이다. 하지만 이를 통해 기업도 부수적으로는 기업 이미지를 좋게 할 수 있기 때문에 거시적인 차원에서는 절대 손해가 아닐 수 있는 것이다.

판매비와관리비

회사가 이익을 창출하기 위해서는 단순히 물건을 잘 만드는 것만으로는 부족하다. 물건이 아무리 좋다 하더라도 홍보가 제대로 안 되거나, 판촉활동을 잘못하게 되면 결국 제품은 빛을 보지 못하게 될 것이다. 판매비와관리비는 제품이나 용역의 판매활동과 기업의 유지 관리에서 발생하는 비용이다.

간혹 판매비와관리비를 회사의 영업비용이 아니라고 생각하는 사람들이 있는데 이는 잘못된 생각이다. 회사의 영업비용은 크게 두 가지로 구분되는데, 매출액과 직접 대응되어서 발생하는 영업비용인 매출원가와 매출원가를 제외한 나머지 모든 영업비용인 판매비와관리비로 구분이 되는 것이다.

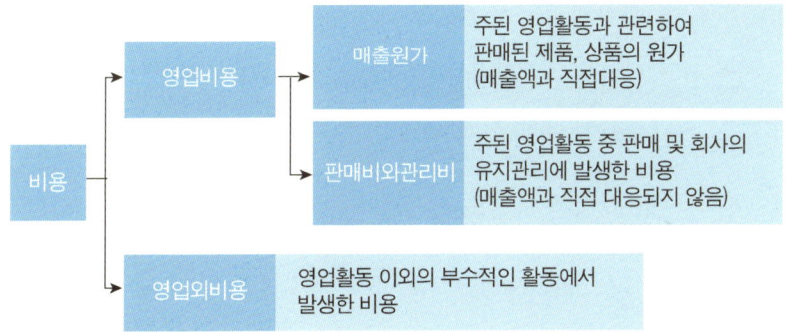

		매출원가	주된 영업활동과 관련하여 판매된 제품, 상품의 원가 (매출액과 직접대응)
비용	영업비용	판매비와관리비	주된 영업활동 중 판매 및 회사의 유지관리에 발생한 비용 (매출액과 직접 대응되지 않음)
	영업외비용	영업활동 이외의 부수적인 활동에서 발생한 비용	

예를 들어 제품을 만들기 위해 직접적으로 사용된 원재료나 공장에서 일하시는 생산직근로자의 인건비 등은 결국 제품원가에 포함되어 재고자산이 되었다가, 판매될 때 매출원가가 된다. 반면에 광고선전비나 관리직 사원들에게 지급되는 인건비 등은 판매비와관리비가 된다.

사업의 수익성을 나타내는 영업이익

영업이익은 손익계산서에서 볼 수 있는 여러 이익들 중에서 가장 먼저 확인해 봐야 하는 매우 중요한 이익이다. 영업이익이 중요한 이유는 회사의 본업에 대한 수익성을 볼 수 있는 지표이기 때문이다. 영업이익의 계산구조를 보면 본업에서 발생한 주요 수익인 매출액에서 사업을 하기 위해 발생 되는 영업비용인 매출원가와 판매비와관리비를 차감하게 된다. 즉, 영업이익을 한마디로 말하면 본업에서 발생시킨 이익이 된다.

재무제표를 분석하는 것은 현재 상황을 바탕으로 미래를 예측하고자 하는 것인데, 이 경우에 일회적으로 발생하는 영업외적인 수익보다 당연히 본업에서 창출한 이익인 영업이익이 많은 것이 좋을 것이다. 영업이익을 늘리기 위해서는 매출액 자체를 늘릴 수도 있겠지만, 매출원가를 줄이거나 판매비와관리비를 절약할 수도 있다. 그렇기 때문에 회사는 항상 원가절감에 대해 신경을 많이 쓸 수밖에 없는 것이다.

만약 회사에 영업손실이 발생하게 되면 이는 기업 운영에 적신호로 받아들여야 한다. 물론 사업을 하다보면 일시적인 사업 부진으로 인해 영업손실이 발생하는 경우도 있다. 하지만 영업손실이 계속 반복되고, 영업손실의 규모가 점점 늘어난다면 기업의 존속 가능성에도 의문을 가질 수 있는 상황이 될 수 있다.

영업외수익

영업외수익은 말 그대로 회사의 본업 이외에서 창출한 수익이다. 회사는 본업 이외에도 부수적인 활동들로 수익을 얻을 수 있는데, 이자수익이나 유가증권처분이익, 임대수익, 배당수익, 자산처분이익 등이 있을 수 있다.

| 매출액과 영업외수익 |

매출액 → 주된 영업활동에서 발생
영업외수익 → 주된 영업활동 이외의 활동에서 발생

직장생활을 하고 있는 사람을 예로 들어 설명하면 그 사람의 본업인 회사에서 받는 급여는 주요 활동에서 발생하는 매출액이 될 것이고, 부수적으로 주식투자 등으로서 벌게 되는 이익은 영업외수익이 된다.

그렇다면 본업에서 창출하는 매출액이 많은 것이 좋을까? 부수적인 이익인 영업외수익이 많은 것이 좋을까?

물론 기분은 영업외수익이 많이 발생 되는 것이 좋을 것이다. 왜냐하면 영업외수익을 얻기 위하여 재테크 공부나 투자에 따른 위험을 부담한 측면이 있지만, 기본적으로 영업외수익은 생각하지 못했던 보너스의 느낌을 가져다주기 때문이다.

하지만 현실은 당연히 본업에서 발생하는 매출액이 많은 것이 좋다. 매출액은 본업에서 발생되다 보니까 회사의 규모나 경영환경의 큰 변화가 없다면 어느 정도는 예측이 가능하고 상대적으로 꾸준하게 발생될 수 있기 때문이다. 그러한 반면에 영업외수익은 일회성이 강하다. 올해 영업외수익이 많이 발생하였다고 내년에 또 영업외수익이 발생할 것이라는 깃을 예측할 수 없다. 우리가 주식투자를 통해 매번 수익을 창출하기 힘든 것처럼 말이다.

한때 많은 이들이 공무원이 되기를 희망한 적이 있다. 공무원은 정년이 보장되고 노후에 꾸준히 연금이 발생되기 때문이다. 그만큼 사람들은 일시적으로 발생되는 수익보다는 꾸준하게 발생되는 수익을 선호하기 때문이다. 마찬가지로 일회성이 강한 영업외수익보다는 매출액이 많은 것이 좋을 것이다.

영업외비용

영업외비용은 본업 이외에서 발생한 비용들을 의미한다. 대표적인 예로 이자비용 등을 포함한 금융비용, 자산처분손실, 기부금, 잡손실 등이 있다.

영업외비용도 영업외수익과 마찬가지로 일회성으로 발생하는 요소들이 많기 때문에, 올해 발생된 영업외비용 항목이 내년에 또 발생이 될 수도 있고 그렇지 않을 수도 있다. 그렇다 보니 예측 가능성이 떨어지게 되어, 영업비용과 구분하는 것이 나중에 발생할 이익을 예측하는 데 도움이 될 수 있다. 그렇기 때문에 이러한 영업외비용 역시 영업비용들에 비해 상대적으로 중요성이 떨어질 수밖에 없다.

하지만 영업외비용 중에서도 유의 깊게 분석해야 할 중요한 요소가 있다. 바로 이자비용에 관한 것인데 이자비용은 알다시피 회사가 자금을 금융기관 등으로부터 빌린 대가로 지불되는 비용이다.

이자비용은 사업을 하기 위해 조달한 자금에 대한 대가로 지불하는 것이기 때문에 이자비용을 영업비용으로 바라봐야 하지 않느냐고 생각할 수도 있다. 이자비용이 영업외비용으로 분류되는 이유는 일반적인 제조업의 경우에 자금을 조달하고 이에 대한 이자를 지급하는 것이 주업이 아니기 때문이다(금융기관의 경우에는 자금을 조달하고 대여하는 것이 주업이다 보니 이런 경우에는 이자비용이 영업비용으로 처리된다).

이자비용이 중요한 이유는 회사의 안정성과 직결이 될 수 있기 때문이다. 회사가 사업을 통해 창출한 영업이익으로 최소한 자금 사용에 대한 대가인 이자비용은 지급을 할 수 있어야 한다. 만약에 회사가 영업이익으로 차입한 원금은 커녕 이자도 지급할 수 없다면, 그 회사는 반드시 망할 수밖에 없기 때문이다(이를 비교 분석하는 지표가 비율분석에서 언급할 이자보상비율이다).

또한 전기 대비 이자비용의 증감현황을 파악하는 것도 중요한데 이자비용이 전기 대비 증가하였다면, 차입금이나 사채 등의 증감 현황이나 차입조건 등을 주석을 통해 확인할 필요가 있다. 회사의 차입조건이 어떻게 변화하는지를 통해 회사의 차입능력이나 향후의 자금조달 여력이 어떻게 될 것인지를 가늠해 볼 수 있기 때문이다.

손익계산서의 상황 분석

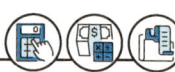

회사를 운영하다 보면 여러 가지 상황들이 나올 수 있기 때문에 이러한 모든 상황들에 대해 재무제표를 통해 정확하게 예측하는 것은 사실상 불가능한 일이다. 하지만 재무제표는 경영의 최종 결과물이다 보니 회사의 상황에 대해 어느 정도 큰 그림을 그리는 데에는 충분히 유용하게 활용할 수 있는 분석 도구가 될 수 있다. 손익계산서 역시 마찬가지인데, 손익계산서에서 나올 수 있는 상황들에 대해 미리 생각을 해 보면 앞으로 손익계산서를 해석하는 데 도움이 될 수 있다. 손익계산서에서 나올 수 있는 몇 가지 상황들을 알아보도록 하자.

영업이익 < 영업외수익

회사의 손익계산서를 분석해 보았더니 본업에서 창출한 영업이익보다 부수적으로 얻게 된 영업외수익이 더 큰 경우가 있을 수 있다. 이러한 상황은 어떻게 생각을 해야 할까?

우선 일시적으로 이러한 상황이 발생되었다면 나쁜 상황은 아닐 것이다. 본업에서 꾸준히 영업이익이 창출되는 상황에서 영업 외적으로 추가적인 수익이 발생된 경우이기 때문이다.

예를 들어 본업이 잘 운영되는 상황에서 영업 외적으로 보유한 투자자산 등을 처분하였던지, 사용하지 않을 것으로 판단된 유형자산을 매각하여 영업 외적으로도 수익을 창출하게 되면 본업도 잘 진행되는 상황에서 재테크까지 성공한 상황이 될 수 있기 때문이다.

하지만 이러한 상황이 지속적으로 반복된다면 상황이 달라질 수 있다. 계속해서 영업이익보다 영업외수익이 더 큰 금액이 발생된다면, 이는 반대로 본업의 수익성에 대해 의문을 가질 수 있는 상황이다. 앞서 언급하였듯이 영업외수익은 일회성이 강한데 계속 반복적으로 영업이익보다 큰 영업외수익을 창출하는 것 자체가 힘들기 때문에 그만큼 본업의 수익성이 떨어지는 것은 아닌지 생각해 보아야 한다.

영업외수익 < 영업외비용

영업외수익과 영업외비용을 비교해 보았을 때 영업외비용이 엉업외수익보다 현저하게 크면 왜 이러한 상황이 발생되었는지 생각해 볼 필요가 있다.

먼저 생각해 볼 수 있는 부분은 재테크 손실이다. 회사가 영업 외적으로 자금을 운영하였는데 여기에서 손실이 발생하게 되면 영업외수익보다 영업외비용이 크게 나올 수 있다.

다음으로는 금융비용의 부담이 많이 되는 상황이 아닌지 생각해 볼 필요가 있다. 차입금의 절대금액이 많은 경우나, 차입조건이 좋지 않아 금융비용의 부담이 많이 발생하여 영업외비용이 많이 발생된 것은 아닌지 생각해 보아야 한다.

영업이익의 감소추세에서 영업외수익이 크다

이 상황은 세부 내역을 좀 더 고민해 볼 필요가 있는 상황이다. 만약 회사가 이러한 상황이라면 우선 영업외수익의 구성요소를 살펴보아야 한다. 영업외수익이 투자자산처분이익 등으로 발생된 것이라면 그나마 상황이 괜찮을 수 있다. 왜냐하면 투자자산은 본업을 위해 보유한 자산이 아니다보니 일정 수준의 이익을 얻게 되었다면 언젠가는 처분을 할 수도 있는 자산이며, 이러한 투자자산이 없다고 해서 회사의 영업에 지장이 있는 것도 아니다. 말 그대로 재테크를 위해서 보유하는 자산이다.

하지만 영업외수익이 유형자산처분이익으로 구성이 되어 있다면 분석에 유의를 해야 하는 상황이 될 수도 있다. 유형자산은 사업에 사용할 목적으로 보유한 자산인데 이러한 유형자산을 처분하였다는 것은 추후에 사업성에 문제가 발생할 수도 있는 것이다.

많이 발생하는 상황은 회사가 본업이 부진하여 영업손실이 발생되는 상황인데 거기에다가 추가로 자금까지 부족한 상황이다. 이러한 경우에 자금조달이 원활하게 이루어진다면 그나마 다행이지만 만약 자금조달이 잘 이루어지지 않는다면, 회사는 어쩔 수 없이 가지고 있는 자산을 매각하여 자금을 마련해야 한다. 이때 영업에 활용해야 하는 유형자산까지 처분을 한 상황이라면 상황이 그만큼 심각한 것이 될 수 있기 때문이다.

이러한 상황들을 정리해 보면 다음과 같다.

상황	분석내용
영업이익 < **영업외수익**	본업보다 부업으로 인한 이익이 더 크다는 의미. 이런 상황이 반복된다면 본업의 수익성에 의문을 가져야 한다.
영업외수익 < **영업외비용**	기업이 재테크로 손해를 봤을 가능성이 높다. 또는 지나치게 차입금을 사용하였을 수 있다.
영업이익이 감소하고, 영업외수익이 당기에만 크다.	기업의 적색신호라고 할 수 있다. 본업이 부진해서 향후 자산처분 등으로 보충할 가능성도 있다.

물론 발생된 상황이 꼭 이렇게 되리라는 보장이 있는 것은 아니다. 하지만 여러 가지 상황들에 대해 미리 생각을 해 보고, 각각의 상황이 왜 발생되었는지 원인을 생각하며 세부적인 내용들을 좀 더 분석하다 보면 분명히 재무제표 분석 능력이 향상됨을 느낄 수 있을 것이다.

금융업의 손익계산서는 일반기업과는 다르다

지금까지 알아본 손익계산서 양식은 제조업을 기반으로 한 손익계산서의 양식이었다. 제조업의 비중이 가장 크고 기본이 되는 업종이다 보니 제조업 위주의 설명을 하였지만, 모든 업종이 이러한 손익계산서의 양식을 따르는 것은 아니다.

손익계산서의 양식이 다른 대표적인 업종이 바로 금융업이다. 금융업은 기본적으로 물건을 제조하거나 판매하지 않는다. 따라서 손익계산서에서 매출액과 매출원가라는 개념을 사용하지 않고 영업수익에서 영업비용을 차감하여 바로 영업이익을 산출하는 방법으로 손익계산서를 보여주게 된다. 대표적인 금융회사인 은행과 증권사, 보험사의 특징을 알아보도록 하자.

은행업의 손익계산서

은행은 불특정 다수로부터 자금을 예금형식으로 조달받아 대출 형태로써 자금을 운영하게 된다. 이 과정에서 예금에 대한 예금이자를 지급하는 대신에 대출금에 대한 이자를 받게 되는데 이 대출이자와 예금이자의 차이가 바로 예대마진이며, 이것이 바로 은행의 주요 비즈니스 모델이 된다. 따라서 영업수익은 이자수익이나 수수료수익 등으로 구성되며 영업비용으로 이자비용이나 일반 관리비 등이 발생된다.

- 영업수익: 이자수익(예치금, 단기매매증권, 대출채권 등), 수수료수익, 기타영업수익(증권처분·배당, 외환거래, 파생상품 등)
- 영업비용: 이자비용, 수수료비용, 기타영업비용(대손상각비 등)

증권업의 손익계산서

증권사는 고객으로부터 자금을 예수금 형태로 조달받아 개인 투자자에게 신용공여금 형태로 대출해주거나, 유가증권에 투자를 하여 수익을 창출한다. 또한 주식 투자자가 주식을 사고파는 것을 중개해 주는 대가로 중개수수료를 얻게 되는데 이러한 항목들이 증권사의 주요 비즈니스 모델이 된다.

따라서 금융상품 관련 수익이나 수수료수익, 이자수익 등이 주요 영업수익 항목이 되며, 금융상품 관련 손실과 이자비용 등이 주요 영업비용 항목이 된다.

- 영업수익: 수수료수익(주식매매, 투자 인수·주선, 자산관리 수수료 등), 자기자본투자수익(Prop Trading)
- 영업비용: 이자비용, 수수료비용, 기타영업비용

보험사의 손익계산서

보험사는 고객으로부터 자금을 보험료 형태로서 조달받아 주로 채권이나 주식 등의 유가증권에 투자를 하거나, 대출형태로써 자금을 운영하게 된다. 이 과정에서 보험사는 고객으로부터 수취하는 보험료와 실제 지급한 보험금의 차이에 의해 손익이 발생하는데 이를 위험률차익이라고 한다. 즉, 보험사가 사고발생에 대한 위험을 부담하는 대가로 수익을 창출하게 되며, 이것이 보험사의 주요 비즈니스 모델이 된다.

따라서 보험료수익이나 이자수익 등이 주요 영업수익 항목이 되며, 지급보험금이나 사업비 등이 주요 영업비용 항목이 된다.

- 영업수익: 보험수익, 투자수익
- 영업비용: 보험비용, 재보험비용, 이자비용 등

심화학습

손익계산서 구조가 바뀐다고? K-IFRS 18

새로운 재무제표 표시 기준서인 K-IFRS 18이 오는 2027년부터 시행될 예정이다. K-IFRS 18이 적용되면 손익계산서 구조가 기존과는 크게 달라질 수 있다.

K-IFRS 18은 손익계산서의 수익과 비용을 영업범주, 투자범주, 재무범주 등 세 가지로 구분한다. 투자범주와 재무범주에 속하지 않는 항목은 모두 영업범주로 간주한다. 이렇게 되면 현행 기준에서 영업외손익으로 분류하고 있는 유형 무형자산의 손상과 환입, 유형 무형자산의 처분손익 등이 영업범주로 들어와 영업이익에 영향을 미칠 수 있다.

이른바 일회성 비경상 손익으로 간주되던 항목들이 경상손익처럼 반영된다는 이야기다. 외환거래손익(외환차손익, 외화환산손익)도 지금은 영업 외 손익으로 간주하지만 앞으로는 그 성격에 따라 달라진다. 예컨대 외화매출채권 관련 손익은 영업범주, 외화투자금(외화예금 등) 관련 손익은 투자범주, 외화차입금 관련 손익은 재무범주로 분류되게 된다.

- 영업범주 : 주된 사업활동에서 발생한 손익을 포함, 다른 범주에 속하지 않은 손익(잔여범주)
- 투자범주 : 개별적/독립적 수익 창출(금융) 자산, 종속기업투자, 현금성 자산 등에서 발생하는 손익
- 재무범주 : 자금조달부채, 퇴직연금부채에서 발생하는 손익, 외화환산손익(재무)

기존 손익계산서 vs IFRS 18 손익계산서

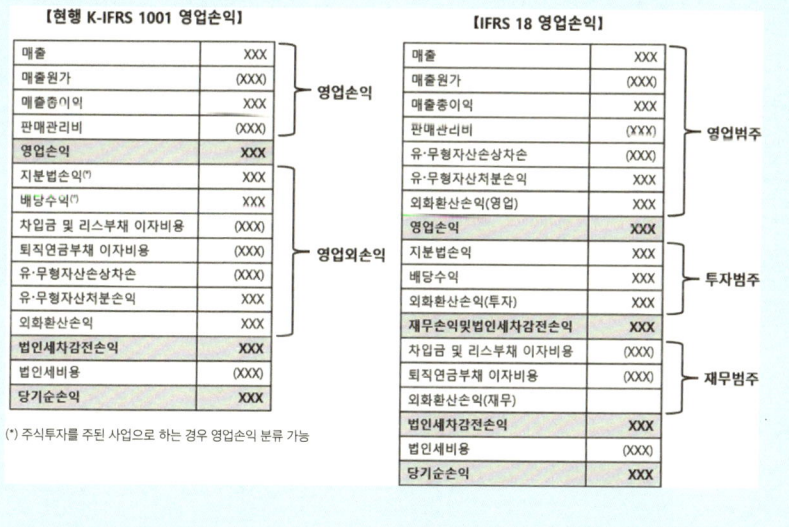

【현행 K-IFRS 1001 영업손익】

매출	XXX	
매출원가	(XXX)	영업손익
매출총이익	XXX	
판매관리비	(XXX)	
영업손익	XXX	
지분법손익(*)	XXX	
배당수익(*)	XXX	
차입금 및 리스부채 이자비용	(XXX)	영업외손익
퇴직연금부채 이자비용	(XXX)	
유·무형자산손상차손	(XXX)	
유·무형자산처분손익	XXX	
외화환산손익	XXX	
법인세차감전손익	XXX	
법인세비용	(XXX)	
당기순손익	XXX	

(*) 주식투자를 주된 사업으로 하는 경우 영업손익 분류 가능

【IFRS 18 영업손익】

매출	XXX	
매출원가	(XXX)	
매출총이익	XXX	
판매관리비	(XXX)	영업범주
유·무형자산상각손	(XXX)	
유·무형자산처분손익	XXX	
외화환산손익(영업)	XXX	
영업손익	XXX	
지분법손익	XXX	
배당수익	XXX	투자범주
외화환산손익(투자)	XXX	
재무손익및법인세차감전손익	XXX	
차입금 및 리스부채 이자비용	(XXX)	
퇴직연금부채 이자비용	(XXX)	재무범주
외화환산손익(재무)		
법인세차감전손익	XXX	
법인세비용	(XXX)	
당기순손익	XXX	

실질적인 자금흐름을
보여주는 현금흐름표

재 무 제 표 쉽 게 읽 기

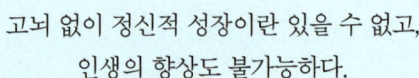

고뇌 없이 정신적 성장이란 있을 수 없고,
인생의 향상도 불가능하다.

고뇌는 생활에 있어서
필요불가결의 유익한 존재이다.

- 에머슨 -

Chapter 1 · 현금흐름표를 왜 알아야 하지?

'이익은 추론이고 현금은 사실이다'

이 문장은 우리가 재무제표를 분석할 때 왜 현금흐름표를 분석해야 하는지 잘 말해주는 문장이다. 손익계산서의 이익은 회계기준과 회사가 채택한 회계정책에 따르면 이렇게 된다는 추론에 불과하다는 것이다. 반면에 현금의 유입과 유출은 실제 발생되는 사실을 그대로 표현한 것이라는 의미이다.

재무상태표와 손익계산서는 발생주의라는 회계 원칙에 의해서 작성이 된다. 발생주의란, 현금의 입금, 출금과 관계없이 수익 및 비용의 경제적 사건이 발생하게 되면 수익과 비용을 인식하게 된다는 원칙이다.

발생주의라는 용어가 너무 어렵게 느껴질 수 있는데, 수익과 비용은 실제 현금의 유입과 유출이 없어도 발생할 수 있다는 의미 정도로만 받아들이면 된다.

예를 들어 회사가 외상으로 물건을 판매하였다고 생각해 보자. 회계상으로는 외상으로 물건을 판매하나 현금을 받고 물건을 판매하나 상관하지 않고 보통 물건의 판매시점에서 수익을 인식하게 된다. 하지만 외상으로 물건을 판매하면 회사 내부로 현금이 들어오는 것이 아니라 매출채권이라는 자산이 생기게 된다. 즉, 수익은 발생하지만 현금은 들어오지 않는 것이다. 반대로 매출채권이 회수기일이 되어서 현금으로 회수가 되었다면 수익은 발생하지 않았지만 회사 내부로 현금이 들어오게 되는 것이다.

이익은 발생하는데 회사는 망할 수도 있다?

수익이나 비용의 발생과 현금의 유출입이 다른 현상 때문에 흑자부도라는 용어가 생겨나게 되었다. 흑자부도란, 회사가 이익이 발생하지만 이러한 이익이 현금의 유입과는 연계가 되지 않아 자금의 압박이 생겨서 부도가 나는 현상이다. 즉, 외상매출 등으로 이익은 발생하였지만 현금이 회수되기 전에 자금이 막혀서 회사가 망할 수도 있는 것이다.

이러한 상황이 발생하면 회사를 운영하는 입장이나, 주변 이해관계자의 입장에서는 정말 안타까운 일이 될 것이다. 따라서 손익계산서를 통해 이익이 얼마나 많이 발생하였는지를 파악하는 것도 중요하지만, 회사의 자금 현황을 파악하는 일도 매우 중요하다. 그리고 이러한 회사의 자금 수급 현황을 파악하기 위하여 현금흐름표를 분석할 줄 알아야 한다.

현금흐름표 기본 양식

현금흐름표

20×1.1.1.~12.31.

(주)한국		(단위:원)
I. 영업활동으로 인한 현금흐름		**XXX**
1. 당기순이익	XXX	
2. 현금의 유출이 없는 비용등의 가산	XXX	
3. 현금의 유입이 없는 수익등의 차감	(XXX)	
4. 영업활동으로 인한 자산부채의 변동	XXX	
II. 투자활동으로 인한 현금흐름		**XXX**
1. 투자활동으로 인한 현금유입액	XXX	
2. 투자활동으로 인한 현금유출액	(XXX)	
III. 재무활동으로 인한 현금흐름		**XXX**
1. 재무활동으로 인한 현금유입액	XXX	
2. 재무활동으로 인한 현금유출액	(XXX)	
IV.현금의 증가(감소)		**XXX**
V. 기초의 현금		**XXX**
VI. 기말의 현금		**XXX**

기업의 세 가지 경영활동

현금흐름표는 기업의 모든 활동들을 영업활동, 투자활동, 재무활동이라는 세 가지 활동으로 구분하고 각각의 활동으로 인해 현금이 얼마나 들어오고 나갔는지를 보여주는 재무제표이다. 따라서 현금흐름표를 이해하기 전에 우선 각각의 활동들이 무엇을 의미하는지 알아보도록 하자.

(1) 영업활동 현금흐름

영업활동 현금흐름은 기업의 주요 수익창출활동에서 발생한 현금흐름을 의미한다. 한마디로 주된 사업으로부터 발생한 현금의 유입과 유출이 영업활동 현금흐름에 포함이 된다.

영업활동 현금흐름은 주로 기업의 주요 수익창출활동에서 발생하므로, 영업활동 현금흐름은 기업이 외부의 재무자원에 의존하지 않고 본업을 통하여 영업능력의 유지나 차입금 상환, 배당금 지급 및 신규투자 등에 필요한 현금흐름을 창출하는 정도에 대한 중요한 지표가 될 수 있다.

(2) 투자활동 현금흐름

투자활동이란 기계장치나 건물 등 영업활동에 필요한 자산을 취득하거나 처분하는 활동을 말한다. 또한 자금을 운용하는 측면에서 다른 기업의 주식이나 채권, 금융상품 등을 사고파는 데 발생한 현금의 유입·유출도 투자활동 현금흐름에 포함된다.

기업은 영속하기 위하여 미래를 위한 투자를 계속 하여야 한다. 투자활동 현금흐름은 기업이 미래에 수익을 창출할 자원을 확보하기 위하여 얼마나 투자를 하였는지를 가늠해 볼 수 있는 항목이다.

(3) 재무활동 현금흐름

재무활동은 영업활동이나 투자활동을 하기 위해 필요한 자금을 어떻게 조달하고 상환하였는지에 관련된 현금흐름 활동이다. 재무활동으로 인한 현금흐름이 발생하게 되면, 기업의 납입자본이나 차입금 등의 규모나 구성에 변화가 발생하게 된다.

재무활동 현금흐름은 자금의 조달과 상환에 관련된 현금흐름이기 때문에 주주나 채권자 등이 관심을 많이 갖는 현금흐름 활동이다.

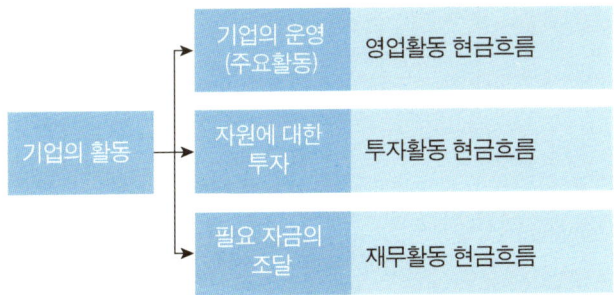

제조업의 현금흐름

기업의 현금흐름은 영업 - 투자 - 재무 등 경영 전반에서 발생하는 다양한 의사결정으로 인해 변화하게 되며, 각각의 현금유입과 유출이 서로 얽혀 있어 매우 다양한 형태로 나티나게 된다.

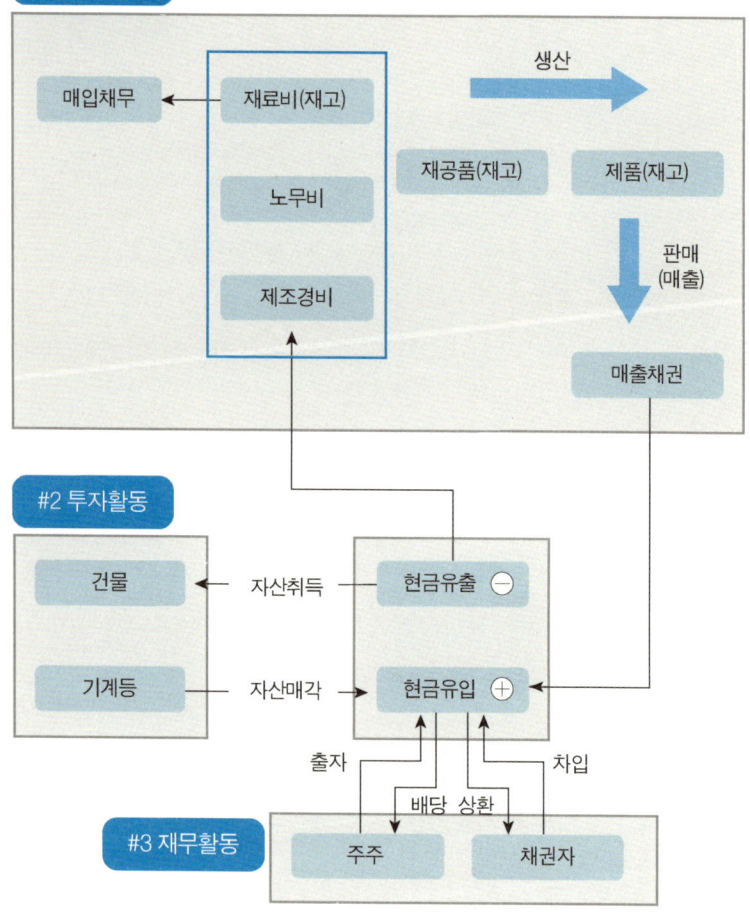

우선 위의 그림을 통해 일반적인 제조업의 프로세스를 이해해 보자.

회사의 주된 영업활동은 제품 등 재고자산을 생산하여 외부에 판매하

는 것이다. 회사는 물건 등을 만들기 위해 원재료를 확보해야 한다. 이

때 원재료를 현금으로 사올 수도 있으나 보통은 외상으로 원재료를 매

입하게 되며, 이로 인해 매입채무가 발생된다. 그 후에 원재료를 공정에

투입하게 되는데 그러면 재공품, 제품단계를 거쳐 재고자산이 만들어지게 된다. 이러한 재고자산이 판매가 될 때 외상으로 판매가 되면 매출채권이 발생된다. 그리고 이 매출채권이 회수되면 회사 입장에서 드디어 현금이 유입된다.

영업활동의 현금흐름에는 이러한 일련의 과정에서 발생되는 대부분의 활동이 포함된다. 즉, 원재료를 매입하여 발생한 매입채무를 결제해주는 활동부터 시작해서, 물건을 만들면서 인건비나 각종 경비 등을 지급하는 행위, 재고자산이 판매가 돼서 생기는 매출채권과 이 매출채권이 회수가 될 때까지 발생되는 모든 활동들이 영업활동의 현금흐름에 포함된다. 즉, 주업에서 발생되는 모든 일련의 활동들이 대부분 영업활동의 현금흐름에 포함된다.

이러한 영업을 하기 위해서는 우선 투자가 선행되어야 한다. 즉, 제품을 만들기 위해 공장이나 기계장치늘을 매입해야 하며, 그러기 위해 토지 등도 매입을 해야 한다. 또한 경우에 따라서는 회사의 여유 자금을 운영하기 위해 다른 회사의 주식이나 채권, 금융상품 등에 가입을 하기도 한다. 이러한 활동들은 대부분 투자활동에 관련된 현금흐름들이다. 좀 더 쉽게 말하면, 유형자산이나 투자자산 등을 사고파는 데 발생되는 현금흐름들이다.

이렇게 투자를 하고 영업을 하기 위해서는 기본 자금이 필요하게 된다. 따라서 회사는 사업에 필요한 자금들을 우선 조달하게 된다. 다시 말해 주식을 발행하여 주주로부터 자금을 조달하거나, 차입금이나 채권 형태로 채권자들에게서 자금을 조달하기도 한다. 그리고 추후에 자금의 여유가 생기게 되면 차입금이나 사채를 상환하는 데 현금이 사용되기도 한다. 이러한 자금들을 조달하고 상환하면서 발생하는 현금흐름들이 재무활동 현금흐름으로 분류된다.

| 재무상태표의 경영활동분석 |

자 산	부채 및 자본
현금 및 현금성자산	영업활동과 관련된 부채
영업활동과 관련된 자산	재무활동과 관련된 부채
투자활동과 관련된 자산	재무활동과 관련된 자본
	당기순이익(영업활동)

기업 경영과 현금흐름

현금흐름은 영업 – 투자 – 재무 등 경영 전반의 의사결정으로 인해 나타나며, 기업 차원의 현금흐름은 각각의 유입과 유출이 서로 얽혀 있어 매우 다양한 형태로 나타나게 된다.

활동별 현금 유출입 예시

		Cash Inflow	Cash Outflow
기업의 운영 (자원)	영업활동	• 현금매출, 매출채권 회수 • 재고자산 감소	• 매입대금 지급(원재료, 경비) • 급여, 세금 • 재고자산 증가
자원에 대한 투자	투자활동	• 장·단기 대여금 회수 • 유가증권 처분 • 고정자산 처분, 감소(유동화)	• 장·단기 대여금 대여 • 유가증권 취득 • 고정자산 취득
필요 자금의 조달	재무활동	• 차입금 증가 • 유상증자 • 자사주 처분	• 차입금 상환 • 유상감자 • 자사주 취득

영업활동 현금흐름의 중요성

회사의 현금흐름표를 분석할 때 모든 활동들이 다 중요하겠지만 우선은 영업활동의 현금흐름이 어떠한지를 파악해 보는 습관을 가지도록 하자. 회사가 영업을 활발하게 하여 현금이 많이 들어온다면 다른 부분들은 일부 부족하더라도 많은 부분이 해결되는 경우가 많기 때문이다.

예를 들어 본업을 통해 현금이 많이 창출이 되면 이러한 현금으로 미래를 위해 설비자산 등을 투자할 수도 있고, 차입금을 상환하거나 주주들한테 배당을 줄 수도 있다. 반대로 말해 본업에서 현금이 들어오지 않는다면, 회사는 영업을 유지하기 위해서 추가로 더 현금을 빌려오든가 아니면 가지고 있는 자산들을 팔아야 할 것이다. 그리고 이런 상황이 지속되면 결국 회사를 유지하지 못할 것이다.

따라서 우선 영업활동으로 인한 현금흐름이 얼마나 창출되는지, 그 크기는 어떻게 되는지를 살펴보고 그 이후에 이러한 현금들을 어떻게 사용하는지 분석해보면 현금흐름표의 해석이 그리 어려운 것만은 아닐 것이다.

기업 성장 단계별 현금흐름표

현금흐름표에 대해 기본적인 이해가 되었다면 이제는 현금흐름표를 어떤 식으로 해석해야 할지 알아보아야 한다.

현금흐름표를 쉽게 해석하는 방법은 바로 현금흐름표의 패턴을 분석하는 것이다. 즉, 영업활동, 투자활동, 재무활동의 현금흐름이 (+)인지 (-)인지를 확인하여 회사가 어떠한 상태인지를 파악해 보는 것이다.

이를 확인해 보기 위해 우선 기업의 성장 사이클을 생각해 보자. 기업은 시간이 지남에 따라 도입 - 성장 - 성숙 - 쇠퇴 단계를 거치게 된다. 그리고 이러한 단계별로 현금흐름의 양상이 변하게 된다.

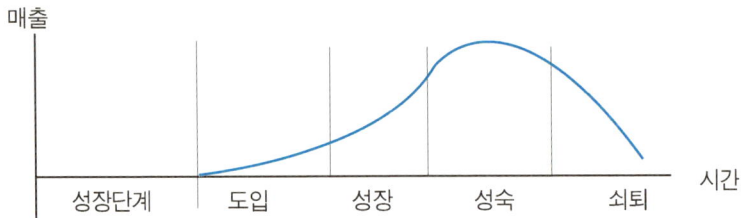

기업의 성장단계별로 많이 볼 수 있는 현금흐름표의 양상이 있는데 이를 바탕으로 우선 현금흐름의 패턴을 이해해 보도록 하자. 그리고 여기서 나오는 패턴은 무조건 이런 패턴이 나온다는 것이 아니라 각각의 성장단계에서 많이 볼 수 있다는 정도의 의미로 받아들이면 좋을 것 같다.

각각의 활동에 (+)로 표시해 놓으면 해당되는 활동으로 돈이 들어온다는 의미이며, (-)로 표시해 놓으면 해당 활동으로 돈이 나간다고 해석하면 된다.

도입단계

영업활동	투자활동	재무활동
(-) 당기순손실 운선자본 투자 증가	(-) 시설투자 증가	(+) 자기자본, 차입금 증가

도입단계는 이제 회사가 막 시작되는 단계이다. 이런 단계에서는 영업을 하기 위해서 어느 정도의 현금을 지출해 주어야 한다. 즉, 아직 본업에서는 이익이 나지 않는 상태에서 재고자산 등을 매입해야 하며, 물건을 외상으로 판매하게 되면 매출채권이 발생하게 된다. 또한 미래를 위해서 투자를 해야 한다. 사업장을 갖추기 위해 토지를 매입해야 하며, 공장건물을 짓고 기계장치를 도입하기 위해 자금을 투자해야 한다.

당연히 이렇게 부족한 자금을 재무활동을 통해 조달받게 된다. 주주로부터 자금을 출자받거나, 채권자들에게 돈을 빌리게 될 것이다. 시작은 사업을 하기 위해 필요한 자금을 재무활동을 통해 우선 조달받게 되고, 이렇게 조달받은 자금은 미래를 위해 투자하게 된다. 그리고 영업을 위해 자금들을 활용하는 현금흐름표의 양식을 많이 보게 된다.

성장단계

영업활동	투자활동	재무활동
(-) 당기순이익 운전자본 투자 증가	(-) 시설투자 증가	(+) 자기자본, 차입금 증가

* 매출이 증가하나 사업팽창에 따른 매출채권 등 운전자본에 대한 투자도 증가하는 단계

성장단계는 기업이 외형을 확장하고 영업을 활발히 진행하는 단계이다. 성장단계에서는 회사가 슬슬 정상화가 되면서 손익계산서에서 이익이 발생하기 시작한다.

위의 표에서는 우선 영업활동의 현금흐름을 (-)로 표시해 놓았는데 반드시 영업활동으로 현금이 유출되는 것은 아니다. 회사가 빠르게 자리를 잡아 이익이 많이 발생하게 되면 충분히 (+)의 현금흐름이 발생할 수도 있다. 하지만 일단 외형이 커진다는 전제 하에 회사의 재고자산이 증가할 것이며, 매출채권 또한 증가할 가능성이 높기 때문에 영업활동으로 현금이 유출되는 것으로 표시를 해 놓은 것이다.

또한 회사의 규모가 커져감에 따라 계속 시설투자 등을 하게 된다. 당연히 투자활동의 현금흐름은 (-)가 될 것이다. 그리고 도입단계와 마찬가지로 증자나 추가적인 차입 등을 통해 재무활동으로 자금이 유입되게 된다.

성숙단계

영업활동	투자활동	재무활동
(+) 당기순이익	(-) 시설유지	(-) 차입금 상환

* 안정적인 현금 창출, 투자 감소

성숙단계는 기업이 이제 어느 정도 자리를 잡아 안정화가 된 단계이다. 매출액이 계속 증가하게 되며, 매출채권이 회수가 되기 시작함으로써 영업활동에서 본격적으로 현금이 유입되기 시작한다. 이때 영업활동으로 현금이 유입되지 못한다면, 회사가 안착하지 못한 것이다.

성숙단계에서는 영업활동을 통해 현금이 꾸준히 유입되어야 한다. 이렇게 유입된 현금을 바탕으로 미래를 위해 투자를 계속 하게 된다. 당장 추가적인 설비자산의 증설 등은 아니더라도, 기업은 영속해야 하기 때문에 미래를 위해 일정부분 투자가 발생되어야 하며, 최소한 현상을 유지하기 위해서라도 투자활동으로 어느 정도의 현금을 지출해 주어야 한다.

그리고 이제는 자금사용에 대한 대가를 슬슬 돌려주기 시작해야 한다. 즉, 차입금을 상환한다든지, 배당금을 지급하는 등 재무활동으로 인해 현금을 지출하게 된다.

쇠퇴단계

영업활동	투자활동	재무활동
(+) 당기순이익 감소	(-), (+) 시설유지, 시설매각	(-) 차입금 상환

* 순이익은 감소하나 매출채권 등의 회수, 설비 매각 등이 발생

　모든 일에는 흥망성쇠가 있듯 기업도 쇠퇴단계를 겪을 수 있다. 기업이 쇠퇴단계에 접어들게 되면 매출액이 감소하게 되며 자산규모가 줄어들게 된다. 이러한 상황에서는 어떠한 현금흐름표의 양식을 볼 수 있을까?

　우선 영업의 규모가 감소하게 된다. 그에 따라 이익의 규모도 감소하게 될 것이다. 하지만 아직 이익이 발생한다는 전제하에 영업활동으로 인한 현금흐름을 (+)로 표시해 놓았다. 하지만 회사의 상황이 많이 안 좋아서 대규모의 손실이 발생하였다면 영업으로 인한 현금흐름이 (-)가 될 수도 있다.

　이러한 상황에서 투자활동으로 인한 현금흐름 역시 (+)가 될 수도 있고, (-)가 될 수도 있다. 만약 회사의 외형이 줄더라도 아직까지는 이익이 계속 발생하며 사업을 어느 정도 유지는 해 줄 필요가 있다고 판단이 되면 현상유지를 위해서라도 투자활동으로 어느 정도는 지출을 해 줄 필요가 있다. 이러한 상황이라면 투자활동의 현금흐름이 (-)가 될 것이다.

하지만 해당하는 산업의 상황이 여의치 않아 이른 철수를 결정하게 된다면, 보유하고 있는 설비자산 등을 매각하게 될 것이다. 이러한 상황이라면 투자활동의 현금흐름이 (+)가 될 가능성이 높다.

그리고 이제 정리할 것은 정리를 해 주어야 한다. 즉, 차입금 등을 상환하고, 주주에 대한 몫도 정리를 해야 한다. 따라서 재무활동으로 인한 현금흐름은 보통 (-)가 될 가능성이 높다.

기업의 성장단계별로 많이 볼 수 있는 현금흐름표의 양상을 알아보는 것을 통해 현금흐름표의 패턴분석에 대해 어느 정도 감을 잡았다면, 이제 다음 장에서 현금흐름표의 패턴을 통해 기업이 어떠한 상황인지를 해석해 보도록 하자.

현금흐름의 패턴을 알아보자

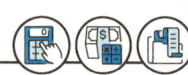

　이제는 현금흐름표에서 발생할 수 있는 패턴별로 회사가 어떠한 상황인지에 대해 생각을 해보도록 하자.

　다음 그림은 현금흐름표에서 볼 수 있는 현금흐름의 패턴을 모두 나열한 것이다. 기업의 성장 사이클을 통한 분석에서와 마찬가지로 각각의 현금흐름에 (+)로 표시해 놓으면 해당 활동으로 돈이 들어온다는 의미이며, (-)로 표시해 놓으면 해당 활동으로 돈이 나간다고 해석하면 된다.

　패턴을 분석하기 전에 우선 언급할 사항이 있다. 현금흐름의 패턴분석은 어디까지나 큰 그림을 그리는 부분이지, 반드시 회사의 상황이 꼭 그렇다는 것을 의미하지는 않는다. 다시 말해 패턴별로 많이 발생되는 상황을 의미하며, 실제 자세한 내용을 파악하기 위해서는 현금흐름표의 세부적인 내용과 더불어 재무상태표와 손익계산서를 종합적으로 같이 판단을 해 보아야 한다.

| 현금흐름 패턴분석 |

#	영업 현금	투자 현금	재무 현금	설명
1	+	+	+	영업활동에서 현금창출, 자산매각 및 재무활동에서 조달한 현금을 비축하여 타회사를 인수 합병하거나 신 사업분야에 진출을 모색하고 있는 유동성이 풍부한 회사임
2	+	−	−	영업활동에서 창출한 현금으로 고정자산을 구입하고 있으며, 또한 부채를 상환하거나 배당금을 지급하고 있는 회사임
3	+	+	−	영업활동에서 창출한 현금과 자산을 매각한 자금으로 부채를 상환하는 회사임
4	+	−	+	영업활동에서 창출한 현금과 차입금 혹은 증자대금으로 회사의 확장에 필요한 투자를 하고 있는 회사임
5	−	+	+	영업활동에서 현금을 창출하지 못하는 문제점을 자산매각과 차입 혹은 증자를 통해서 보전하고 있는 회사임
6	−	−	+	영업활동에서의 부족자금과 고정자산의 구입에 필요한 자금을 장기차입 혹은 증자를 통해서 조달하고 있는 회사임
7	−	+	−	영업활동에서의 부족자금과 채권자에 대한 차입금 상환액을 고정자산의 매각을 통해서 조달하고 있는 회사임
8	−	−	−	영업활동의 부족현금과 시설투자 및 차입금 상환을 모두 기존의 현금 비축액에서 사용하고 있는 회사임

(상황 1)

영업 (+), 투자 (+), 재무 (+)인 현금흐름 양상이다.

이 상황은 모든 활동들로 인해 현금이 회사로 유입되는 경우에 발생되는 현금흐름표의 양식이다. 이러한 현금흐름 패턴은 쉽게는 보지 못하나 충분히 발생할 수 있는 현금흐름표의 양식이다.

이런 상황을 해석해 보면 본업이 활발하게 진행되어 현금이 유입되고 있고, 보유하고 있는 유형자산이나 투자자산 등을 매각하여 투자활동으로도 현금이 유입되고 있는 상황이다. 이때 투자활동으로 인한 현금이 유입되는 것에 대해서는 세부 내역을 좀 더 살펴봐야 하겠지만, 우선 영업활동에서 현금이 유입되고 있기 때문에 회사의 영업에 사용할 목적인 유형자산을 처분하는 것보다는, 기존에 여유자금 등으로 투자를 했던 투자자산 등을 처분해서 투자활동으로 현금이 유입되었을 가능성이 크다.

이러한 상태에서 추가로 차입을 하거나, 증자를 통해 재무활동으로 자금을 조달까지 하고 있는 형태이다. 이러한 현금흐름이 발생되면 기업의 현금이 기초 대비 기말에 큰 폭으로 증가를 하게 된다. 그리고 이렇게 축적한 현금유동성으로 추후에 다른 회사를 인수합병을 하든지, 신사업분야에 진출한다든지 등으로 현금유동성을 활용하는 방향으로 이어질 가능성이 있다.

(상황 2)

영업 (+), 투자 (-), 재무 (-)인 현금흐름 양상이다.

이 상황은 본업에서 현금이 유입되며, 이러한 현금들을 투자활동과 재무활동으로 사용하는 상황으로, 보통 회사가 정상적으로 잘 운영되고 있는 경우에 많이 볼 수 있는 현금흐름표의 양식이다.

회사의 사업이 정상적으로 잘 운영이 되어서 본업에서 꾸준하게 현금이 유입되고 있다. 이러한 상황에서 회사는 미래를 위해 계속 투자를 해 주어야 한다. 추가적으로 설비자산 등을 늘려나갈 수도 있으며, 아니면 여유자금으로 투자자산 등을 매입하는 등으로 현금을 활용할 수도 있다.

그리고 남는 여유 자금을 재무활동으로 사용하고 있다. 즉, 차입금 등을 상환하거나, 주주들에게 배당을 지급하는 등으로 자금조달에 대한 대가를 지급해 주는 형태이다.

(상황 3)

영업 (+), 투자 (+), 재무 (-)인 현금흐름 양상이다.

이 상황은 본업에서 현금이 유입되고 있으며, 이러한 상황에서 가지고 있는 자산을 일부 정리하여 추가로 현금을 확보한다. 이렇게 확보된 현금으로 재무활동에 사용하는 상황이다.

이러한 상황은 투자활동으로 인한 현금흐름이 (+)인 것을 잘 생각해 봐야 하는 상황인데 보통은 본업은 정상적으로 잘 운영이 되어서 현금이 창출되고 있으며, 기존에 여유 자금으로 투자해 놓았던 투자자산을 처분하여 추가적으로 현금을 마련하여 재무활동으로 현금을 사용하는 경우이다. 이러한 상황이 지속되면 회사의 재무구조가 좋은 방향으로 가게 될 것이다.

(상황 4)

영업 (+), 투자 (-), 재무 (+)인 현금흐름 양상이다.

이 상황은 본업에서 현금이 유입되고 있고, 이러한 상황에서 미래를 위해서 투자활동으로 현금을 사용하고 있으며, 부족한 자금은 재무활동으로 추가 조달하는 상황이다.

이러한 현금흐름표의 양식도 자주 볼 수 있는 상황이다. 본업은 정상적으로 운영되어서 어느 정도의 현금이 유입되고 있는 상황인데, 투자가 현상유지를 위한 통상적인 투자가 아니라 설비증설이나, 회사의 외형을 더욱 확장하기 위해 필요한 투자를 하는 경우이다. 대규모의 투자가 동반되다 보니 현재 보유하고 있는 현금으로는 자금이 부족하여 추가적으로 재무활동에서 자금을 조달하는 형태이다.

(상황 5)

영업 (-), 투자 (+), 재무 (+)인 현금흐름 양상이다.

영업활동으로 인한 현금흐름이 (-)라는 것은 본업에서 현금이 유출된다는 의미이며, 보통은 영업을 막 시작하는 도입단계이거나 아니면 본업의 사업이 여의치 않은 상황일 가능성이 높다. 이 상황은 영업에서 사용할 자금을 확보하기 위해 투자현금흐름과 재무현금흐름을 통해 자금을 마련하고 있는 상태이다.

이러한 상황은 본업이 부진한 상황에서 사업자금이 부족하여 차입 등을 통해 자금을 조달하고 있으며 그러한 상황에서도 자금이 부족해 가지고 있는 자산들을 처분하는 상황이 될 수도 있다. 그만큼 급박한 상황이 될 수도 있는 현금흐름표의 양식이다.

(상황 6)

영업 (-), 투자 (-), 재무 (+)인 현금흐름 양상이다.

(상황 5)와 마찬가지로 영업활동으로 인한 현금흐름이 (-)이므로 본업에서 현금이 유출되는 상황이다. 다만 (상황 5)와 다른 점은 투자로 인한 현금흐름이 (-)라는 점이다.

이러한 상황은 영업을 막 시작하는 도입단계에서 많이 발생하는 현금흐름표 양식이다. 사업을 시작하는 단계에서 필요한 자금을 재무활동으로 조달하고, 설비투자 등을 통해 자금을 사용하는 형태이므로 이러한 투자들을 바탕으로 영업현금흐름을 (+)로 전환시켜 줄 수 있는 상황이 될 수 있다.

(상황 7)

영업 (-), 투자 (+), 재무 (-)인 현금흐름 양상이다.

이러한 현금흐름표 양식은 가지고 있는 자산 등을 처분하여 현금을 마련하고, 이러한 현금을 영업에도 사용하며 여유 현금으로 차입금 등을 갚아나가는 상황이 될 수 있다.

이러한 현금흐름이 몇 번 지속되면 회사의 외형이 점점 줄어들게 될 것이며 정리단계로 가는 상황이 될 수 있다.

(상황 8)

영업 (-), 투자 (-), 재무 (-)인 현금흐름 양상이다. 즉, 모든 활동들에 현금을 다 사용하는 형태이다.

이는 원래 보유하고 있는 현금이 많은 상태에서 보유한 현금을 이용하여 영업도 하고 있으며, 설비투자와 동시에 차입금 등을 상환하는 형태로 해석해 볼 수 있는데 사실 실제로는 보기 힘든 현금흐름표의 양상이다.

기업이 보유해야 하는 적정 유동성은?

앞서 유동성은 누군가가 회사에 대해 금전적인 대가를 지급해 주길 요청할 때, 회사 입장에서 사용할 수 있는 가용자금이라고 설명하였다. 이러한 유동성에는 회사가 보유하고 있는 현금 및 현금성자산, 예금 및 적금과 같은 금융상품, 회사가 금융기관과 사전에 약정을 맺고 있는 한도 대의 인출가능액 등이 포함된다.

회사가 보유하고 있는 유동성이 풍부하다면 그만큼 회사의 안정성이 높아질 수 있다. 하지만 유동성에 포함되는 자산들은 상대적으로 저수익 자산으로 구성되어 있기 때문에 유동성이 풍부하면 그만큼 수익성은 떨어지게 된다.

따라서 회사마다 생각하는 적정 유동성의 규모는 모두 다를 수 있다. 안정성에 대해 좀 더 강조를 하는 회사는 유동성의 규모를 높게 가져갈 것이며, 반대로 수익성이나 효율성을 좀 더 중시하는 회사는 유동성의 규모를 낮게 가져갈 것이다.

적정 유동성의 예시

이처럼 회사가 어떠한 정책을 취하고 있는지에 따라 적정 유동성의 규모가 달라질 수 있기 때문에 보유해야 할 여유자금의 규모를 정하고 이를 어떻게 확보해나가야 하는가는 기업의 자금업무 담당자에게 가장 큰 고민거리 중의 하나가 된다. 적정 유동성에는 정답이 있는 것이 아니기 때문에 여기서는 적정 유동성을 산정하는 여러 가지 기준에 대한 예시를 제시해 보려고 한다.

대표적으로 사용할 수 있는 것이 1회전운전자본 이상의 유동성을 보유하는 것이다. 1회전운전자본이란 영업순환기간 동안 필요한 자금으로, 쉽게 말해서 기업의 한 싸이클을 운영할 때 필요한 자금을 의미한다. 예를 들어 제조업의 경우에 제품을 생산하고 판매한 후에 판매대금을 회수할 때까지 필요한 자금을 의미한다.

기업이 1회전운전자본 금액을 여유자금으로 보유한다면, 비정상적인 상황이 발생하여 영업수입이 발생하지 않더라도 기업은 보유하고 있는 여유자금을 사용하여 적어도 현금회수기간(운전자본소요기간)에 상당하는 기간 동안은 정상적인 생산활동을 해나갈 수 있다는 것을 뜻하게 된다.

다른 방법으로 매출액의 일정 비율을 적정 수준으로 판단할 수 있다. 매출액은 회사의 외형을 판단하는 대표적인 지표이다. 예를 들어 어떤 회사가 과거의 경험상 매출액의 5% 정도를 적정 유동성으로 보유하면 회사가 문제없이 운영되는 경험을 가지고 있다면, 복잡하게 계산하지 않고 매출액의 5% 수준으로 유동성을 확보하는 것이다.

또 다른 방법으로 일정 기간의 지출 예정액을 적정 유동성으로 판단할 수도 있다. 예를 들어 사업 계획상 향후 3개월 동안 지출이 예상되는 금액 이상의 유동성을 확보하는 것이다. 아니면 아예 일일 자금수지표를 작성하여 일별로 자금의 유출입을 파악한 후에 과거의 일정기간 동안 가장 큰 자금이 유출된 금액 이상을 적정 유동성으로 판단하는 것이다.

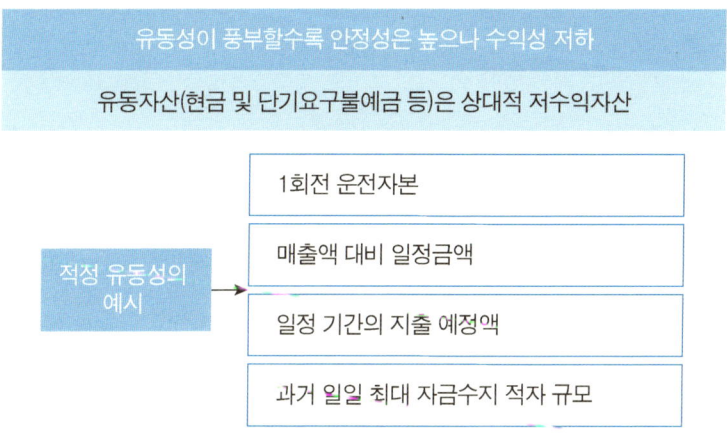

영업순환기간과 현금전환기간

적정 유동성을 파악하기 위해 영업순환기간과 현금전환기간을 이해해 보도록 하자. 영업순환기간이란 원재료를 구매하고 제조하여 형성된 재고자산을 판매하고 이에 따른 대금을 회수하는 데 걸리는 기간을 의미한다. 이는 다음 식으로 표현될 수 있다.

현금전환기간 = 재고자산보유기간 + 매출채권회수기간 − 매입채무결제기간

예를 들어 회사가 재고자산을 형성하여 판매가 될 때까지 걸리는 기간이 80일이며, 매출채권을 회수하는 데 걸리는 기간이 90일이라고 한다. 회사는 처음에 원재료를 매입하면서 거래처에 현금을 지급하게 되며, 이때부터 자금이 재고자산의 형태로써 묶여 있게 된다. 그 후에 제조의 과정을 거쳐 물건이 판매되는 80일 동안 자금이 묶여 있게 되는데, 이때 물건이 외상으로 판매되면 물건 판매 시에 현금이 들어오지 않고 매출채권이 발생하게 된다. 발생된 매출채권이 90일 뒤에 현금으로 회수가 된다면 자금은 재고자산보유기간인 80일에서 매출채권회수기간인 90일을 더한 170일 동안 묶여 있게 된다.

이 상황에서 만약 회사가 원재료를 매입할 때 외상으로 매입하여 70일 뒤에 매입채무를 결제해 준다면 실제로 자금이 묶여 있는 기간은 170일에서 매입채무결제기간 70일을 차감한 100일이 된다. 이 100일이 실제 돈이 묶여 있는 기간, 즉 현금전환기간이 된다.

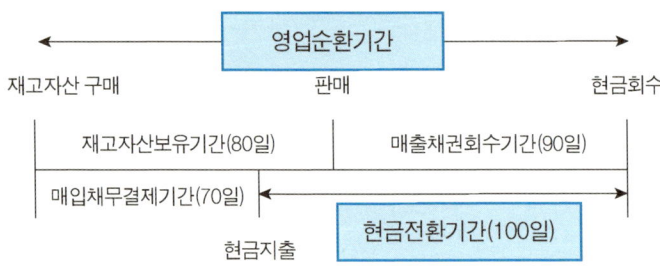

현금전환기간을 이용한 필요운전자본 산출

적정유동성을 산출할 때 현금전환기간을 이용하여 필요운전자본을 산출하는 방법도 있다. 연간 매출액을 365일로 나누어서 일별 평균 매출액을 산정한 후 이를 현금전환기간과 곱하여서 산정하는 것인데 이를 산식으로 표현하면 다음과 같다.

> **필요운전자본 = 매출액 ÷ 365일 × 현금전환기간**

이를 다시 설명하면 매출이 발생하면 현금전환기간 동안 자금이 묶여 있다가 회수가 되기 때문에 이를 평균적으로 계산하여 필요운전자본을 산정한 것이다.

예를 들어, A기업의 매출액이 50억 원이고 재고자산보유기간이 80일, 매출채권회수기간이 50일, 매입채무결제기간이 30일이라고 가정해 보자. 현금전환기간을 계산해 보면 재고자산보유기간 80일에서 매출채권회수기간 50일을 더하고, 매입채무결세기간 30일을 차감한 100일이 현금 전환기간이 된다.

이를 일별평균 매출액인 1,370만 원과 곱한 13억 7천만 원이 필요운전자본이 된다. 다시 말해 13억 7천만 원을 보유하고 있으면 영업을 100일 동안 유지할 수 있으며, 그 후에는 발생하였던 매출이 현금화가 되어 영업이 영속할 수 있음을 의미한다.

건강검진을 받아보자 - 재무비율 분석

재무제표 쉽게 읽기

작은 지혜는 큰 지혜를 알 수 없고,
작은 해는 큰 해를 알지 못한다.

아침에 돋아난 버섯은 밤과 낮의 교체를 알 수 없고,
매미는 봄과 가을의 교체를 알지 못하나니,
이는 작은 해이기 때문이다.

- 장자 -

재무비율 분석을 통해 기업의 상황을 파악하자

재무비율 분석이란 재무제표 항목들 사이의 비율을 경제적 의미를 갖도록 산출하여 기업의 재무상태와 경영성과를 분석하는 전통적인 경영분석 방법이다.

재무제표의 각 계정과목들은 그 자체로서도 각각의 의미를 가지고 있다. 하지만 이러한 계정과목은 결국 다 엮여서 흘러가게 되며, 이러한 계정과목들 중에서 상관관계가 높은 계정과목들을 같이 비교·분석하는 분석기법이 바로 재무비율 분석이다.

재무제표를 일반인이 면밀하게 분석하는 것이 쉬운 일이 아니기 때문에 재무제표에서 중요한 정보만을 정리하여 간결한 수치로서 나타내는 것이 재무비율 분석이다. 재무비율 분석을 많이 활용하는 이유는 우선 분석을 하기 위한 자료를 얻기가 쉽고 분석이 까다롭지 않기 때문이다. 그러면서도 충분히 유용한 정보를 제공한다는 점에서 매력적인 분석 방법이라 할 수 있다.

재무비율 분석 시 유의사항

재무비율 분석을 할 때 유의해야 할 사항이 있다. 우선 재무비율 분석을 하기 위한 기초자료인 재무제표가 정확하고 신뢰성이 있어야 한다. 다시 말해 적정 감사의견을 받은 재무제표로 분석을 해야 한다.

앞서 감사의견은 재무제표에 대해 신뢰성을 부여하는 것이라고 언급하였다. 즉, 감사의견이 적정의견이 아니라면 재무제표의 신뢰성이 떨어지게 될 것이며, 이러한 재무제표로 비율분석을 해봤자 전혀 의미 없는 분석이 될 수 있기 때문이다.

다음으로 재무비율은 그 자체로서도 의미가 있지만, 비교지표와 같이 분석을 하면 보다 더 의미 있는 분석이 될 수 있다.

예를 들어 어떤 회사의 유동비율이 100%라면 이는 좋은 상황일까 아니면 안 좋은 상황일까? 이에 대해서는 정확하게 어떠한 상황이라고 말할 수 없다. 왜냐하면 재무비율이란 경제상황이나 업황, 개별기업의 특성 등에 따라서 해석이 달라질 수 있기 때문이다.

따라서 재무비율 분석을 하면서 숫자 자체만으로 좋다 나쁘다를 따지기보다는, 의미 있는 비교지표를 설정하고 이 비교지표와 개별회사의 재무비율을 비교·분석함으로써 보다 더 의미 있는 분석을 할 수 있게 된다. 비율분석을 할 때 사용할 수 있는 비교지표는 다음과 같다.

• 동일기업의 과거비율

- 동일산업 내의 경쟁기업 또는 산업평균비율
- 사전에 설정한 기준비율

이러한 비교 지표에 대해 좀 더 알아보도록 하자.

(1) 동일기업의 과거비율

동일기업의 과거비율을 같이 분석하는 것은 추세를 분석하는 것이다. 추세분석은 과거 3년 내지 5년 정도의 재무비율을 당기의 재무비율과 비교하여 기업이 변화해가는 모습을 파악하는 방법이다. 회사는 정적인 존재가 아니라 항상 경제상황에 따라 변화해가는 존재라는 점을 생각하면, 추세를 분석하여 기업이 어떠한 방향으로 나아가고 있는지 분석하는 것은 상당히 의미가 있는 작업이다.

추세 분석을 통해 과거의 비율은 어떠하였고 현재 비율은 어떠한지를 파악함으로써 향후 미래에는 어떻게 될 것인지를 예측해 보는 것이다.

(2) 동일산업 내의 경쟁기업 또는 산업평균비율

동일산업 내의 경쟁기업의 재무비율을 대상회사의 비율과 분석하는 것은 매우 좋은 비교지표가 될 수 있다. 대상회사와 동일산업 내에서 자산규모나 매출규모가 유사한 몇몇 회사를 선택하여 비교·분석을 함으로써 대상회사의 현재 상황이 어떠한지 평가하는 것이다.

또한 산업평균비율을 통해 업계 전체의 평균적인 지표와 대상회사의 비율을 비교·분석함으로써 대상회사가 업계에서 어느 정도 수준에 도달하였는지, 혹은 얼마나 양호한 상태인지 등을 쉽게 판별해 낼 수 있다.

이때 동일산업이 아니라 다른 산업에 속해 있는 기업들의 지표를 비교·분석하는 것은 전혀 의미가 없다. 업종이 다르면 산업 환경 자체가 전혀 다르기 때문에 아예 다른 나라의 얘기라고 생각하면 된다. 예를 들어 자동차 부품제조회사를 분석하면서 게임을 개발하는 회사의 지표를 비교하는 것은 전혀 의미가 없는 작업이 되는 것이다.

(3) 사전에 설정한 기준비율

마지막으로 사전에 설정한 기준비율은 쉽게 말해 회사가 설정해 놓은 목표치이다. 목표치와 비교하여 현재 회사의 상황이 어떠한지 비교해 보는 것이다.

재무비율의 종류

회사를 분석하는 관점은 여러 가지가 있을 수 있으나 이를 크게 구분해 보면 안정성, 활동성, 수익성, 성장성 이렇게 네 가지 관점으로 구분해 볼 수 있다.

재무비율 분석을 할 때에도 마찬가로 이 네 가지 관점으로 구분할 수 있는데 이러한 재무비율의 종류와 각각의 대표적인 지표들을 정리하면 다음과 같다.

재무비율에는 안정성비율, 활동성비율, 수익성비율, 성장성비율이 있다.

안정성비율	기업의 단기부채지급능력을 파악 유동비율 / 당좌비율 / 부채비율 / 차입금의존도 / 이자보상비율
활동성비율	기업의 자산 이용의 효율성 측정 총자산회전율 / 매출채권회전율 / 재고자산회전율 / 유형자산 회전율 / 매입채무회전율
수익성비율	기업의 이익창출능력의 평가 매출총이익률 / 영업이익률 / 당기순이익률 / ROA / ROE
성장성비율	기업의 규모 및 수익창출력의 증가비율 총자산증가율 / 유형자산증가율 / 매출액증가율 / 영업이익증가율

Chapter 2 최소한 망하지는 말자 : 안정성비율

안정성비율은 회사가 망하지 않고 얼마나 안정적으로 잘 운영이 될 수 있는지를 알아보는 비율이다. 비율분석의 네 가지 관점 모두 각각의 의미가 있고 중요한 지표들이지만, 외환위기나 금융위기를 겪은 이후 경영환경이 급변하고 있고 불확실한 경제상황이 지속되고 있는 요즘 안정성지표에 대한 중요성이 점점 강조되고 있는 상황이다.

안정성분석에서 사용되는 대표 비율들은 다음과 같다.

분석지표	산식
유동비율	$\dfrac{당기말유동자산}{당기말유동부채} \times 100$
당좌비율	$\dfrac{당기말당좌자산}{당기말유동부채} \times 100$
부채비율	$\dfrac{총부채}{자기자본} \times 100$
차입금의존도	$\dfrac{장단차입금+사채}{총자산} \times 100$
이자보상비율	$\dfrac{영업이익}{이자비용}$

유동비율

유동비율(current ratio)은 유동자산을 유동부채로 나누어서 계산한다. 보통 유동비율은 높을수록 회사의 안정성이 높은 것으로 평가된다.

유동자산은 1년 이내에 현금화가 될 가능성이 높은 자산이며, 유동부채는 1년 이내에 상환될 가능성이 높은 부채를 의미하므로 기업의 단기적인 지급능력을 측정하는 대표적인 안정성비율이다.

$$유동비율 = \frac{유동자산}{유동부채} \times 100$$

유동비율은 회사의 안정성을 판단할 때 매우 많이 활용되는 지표로써 그 의미에 대해 정확한 이해가 필요하다.

(1) 유동비율이 높은 경우

유동비율이 높다면 보통의 경우에는 회사의 안정성이 양호한 경우가 많다. 하지만 유동비율이 높다는 것이 회사의 안정성이 무조건 좋다는 것을 의미하는 것은 아니다.

유동자산 중에서 현금이나 예금 등이 많아서 유동비율이 높은 경우에는 기업의 유동성이 양호한 것으로 평가를 받을 수 있지만, 경우에 따라서는 회사가 경제상황의 불확실성 등으로 인하여 투자를 꺼리고, 이로 인하여 현금 및 예금을 많이 보유하고 있는 것은 아닌지 생각해 보아야 한다.

만약 미래의 불확실성 때문에 현금을 많이 보유한 것이라면 장기적으로는 기업의 성장성이나 수익성에 문제가 발생할 수 있기 때문이다.

또한 회사가 매출채권을 많이 보유하여 유동비율이 높아진 것이라면 매출채권의 회수 가능성을 같이 검토하여야 한다. 매출채권의 회수가 잘 이루어지는 상황이라면 실질적으로 유동성이 높은 상황이 될 수 있지만, 매출채권의 금액만 많고 회수가 원활하게 이루어지지 않는다면, 이는 실질적인 유동성과는 관계가 없을 것이기 때문이다. 따라서 이 경우에는 뒤에서 언급할 매출채권회전율 등을 참고하여 유동비율의 실제 내용을 확인해야 한다.

재고자산이 많아도 유동비율이 높아질 수 있는데, 이런 경우라면 재고자산이 진부화 되거나 부실재고는 아닌지 검토할 필요가 있다. 즉, 매출이 원활하게 발생되는 상황이라면 상관없지만 매출이 부진한 상태에서 재고자산이 많다는 것은 판매가 이루어지지 않아 재고가 쌓이고 있는 상황이 되기 때문에 실질적으로 안정성에는 도움이 되지 못한다. 따라서 이 경우에도 재고자산회전율 등을 참고하여 유동비율을 분석해야 한다.

(2) 유동비율이 낮은 경우

유동비율이 낮은 경우에는 해석을 좀 더 잘할 필요가 있다. 예를 들어 유동비율이 100%보다 낮다고 한다면 1년 이내에 현금화가 될 가능성이 높은 유동자산보다 1년 이내에 상환해야 하는 유동부채가 더 많다는 의미이다. 따라서 회사마다 다르겠지만, 어느 정도의 유동비율은 유지

되어야 한다.

하지만 이때 오해하면 안 되는 것이 유동비율을 절대비율처럼 생각하는 것이다. 즉, 유동비율이 100%보다 높으면 안정성이 양호하고, 100%보다 낮으면 안정성에 문제가 있다고 생각하는 것이다.

유동비율은 안정성을 확인할 때 큰 그림을 그려보는 지표이다. 안정성을 판단할 때 분명히 의미가 있는 지표이기는 하나 절대적인 지표는 아니다. 다시 말해 유동비율이 100%보다 낮다고 하더라도 아무 문제없이 운영이 잘 되는 회사들도 많이 존재한다.

예를 들어 어떤 회사가 유동비율이 100%보다 낮더라도 유동부채의 구성 요소들을 보니 선수금이나 매입채무 등의 구성이 매우 많다고 생각해 보자. 계정과목의 설명에서도 언급하였지만, 선수금은 미래의 매출과 연계되는 부채이며, 또한 회사 입장에서 미래에 현금이 유출되는 부채가 아니다. 매입채무 역시 추후에 매출이 활발하게만 잘 이루어진다면 회사의 운전자본을 줄여주는 좋은 부채가 될 수도 있는 것이다.

그리고 단기차입금 등이 많이 발생하여 유동비율이 낮을 수도 있지만, 실제 내역을 확인해 보면 정책자금 등으로 약정금리가 낮은 차입금일 수도 있고, 아니면 매출채권 등의 할인으로 인해 차입금으로 분류가 된 항목일 수도 있는 것이다.

따라서 유동비율을 분석할 때 유동비율이 100%보다 낮다면 안정성을 좀 더 유의 깊게 확인할 필요가 있는 것이지, 무조건 안정성이 나쁘다고 생각하면 안 된다. 만약 어떤 회사를 분석할 때 유동비율이 100%보다 낮다면 유동자산과 유동부채의 구성요소들을 좀 더 잘 확인해 보고 회사의 실질적인 유동성이 어느 정도 될지를 판단해 보아야 한다. 그리고 실제로 회사의 유동성이 많지 않다고 판단되면, 회사가 이를 해결하기 위하여 어떠한 계획을 가지고 있는지 등을 검토해 보아야 한다.

다시 말해 재무비율은 절대적인 지표로 맹신하면 안 되고 반드시 경제상황 및 회사의 상황과 맞물려 해석되어야 하는 것이다.

당좌비율

당좌비율(quick ratio)은 당좌자산을 유동부채로 나누어서 계산하는데, 유동비율과 마찬가지로 보통 높을수록 안정성이 양호한 것으로 평가된다.

앞에서 언급한 유동비율은 유동자산을 유동부채로 나누어서 계산하는데, 당좌비율은 유동자산 대신 당좌자산을 유동부채로 나누어서 계산한다.

$$당좌비율 = \frac{당좌자산}{유동부채} \times 100$$

유동자산은 당좌자산과 재고자산으로 구성되는데, 재고자산은 판매의 과정을 통해서 현금화가 가능하기 때문에 동일한 유동자산이라 하더라도 당좌자산보다 유동성이 떨어지게 된다. 만약 재고자산의 판매가 원활하지 않다면 유동비율로 회사의 단기적인 지급능력을 측정하는 것은 실질적인 안정성을 판단하지 못하게 되는 경우가 발생할 수 있다.

따라서 유동자산에서 상대적으로 유동성이 떨어지는 재고자산을 제외한 나머지인 당좌자산으로 회사의 유동부채를 얼마나 감당할 수 있는지 바라보는 지표가 바로 당좌비율이다.

부채비율

부채비율(debt ratio)은 부채를 자기자본으로 나누어서 계산하는데 보통 부채비율이 낮을수록 안정성이 양호한 것으로 평가되며, 기업의 안정성을 측정하는 대표적인 재무비율로 활용한다.

$$부채비율 = \frac{부채}{자기자본} \times 100$$

회사에게 있어서 부채는 추후에 상환을 해야 하는 대상이 되기 때문에 부채가 많다면 아무래도 회사 입장에서는 부담이 될 수밖에 없다. 하지만 부채가 회사에게 부담이 되는 정도는 회사의 규모에 따라 다르게 될 것이다. 이를 판단하기 위해 자기자본의 크기를 측정함으로써 부채의 상대적인 부담 정도를 평가하는 것이 바로 부채비율이다.

부채비율은 회사의 안정성을 측정할 때 유동비율과 더불어서 많이 사용되는 비율이다. 하지만 유동비율과 마찬가지로 단순히 부채비율의 높고 낮음으로만 회사의 안정성을 판단하기에는 여러 가지 문제점이 발생하게 된다. 따라서 부채비율을 분석할 때에도 여러 가지 사항을 고려하여 평가를 해야 한다.

우선 부채비율의 성격을 생각해 보자. 부채비율은 부채를 자본으로 나눈 비율로 회사가 사업을 하기 위해서 필요한 자금을 어떤 식으로 조달했는지 자금조달 측면을 알아보는 비율이다. 그리고 이 부채비율은 채권자들이 상당히 중요하게 바라보는 비율이다. 만약 어떤 회사의 부채비율이 높은 상황이라면, 채권자 입장에서는 우리 이외에 다른 채권자들이 많이 존재하는 상황으로 해석을 할 수 있다. 당연히 대여해 준 자금을 회수해야 하는 입장에서는 부채비율이 높은 회사를 좋게 바라볼 수 없다. 또한 정부에서도 부실기업을 판단함에 있어서 부채비율을 하나의 지표로서 삼는 경우가 많이 있다.

따라서 안정성을 판단할 때 부채비율을 확인하는 것은 매우 중요한 체크사항이 될 수 있다. 다만 이 부채비율도 유동비율과 마찬가지로 절대비율이 아니기 때문에 여러 관점에서 해석을 해볼 필요가 있다.

(1) 부채비율이 높은 경우

부채비율이 높은 회사는 일반적으로 안정성이 안 좋을 가능성이 높다. 부채비율이 높다는 것은 결국 미래에 상환해야 하는 부채의 비중이 높다는 것을 의미하기 때문이다. 다만 회사의 특성상 선수금이나 초과청구공사(계약부채) 등의 부채가 많이 발생하는 수주업들은 부채비율을 있는 그대로 해석하면 안 된다.

선수금의 경우에는 물건 판매대금의 일부를 수익인식 이전에 미리 받아놓은 대가이기 때문에 좋은 부채가 될 수 있다. 또한 건설형 공사계약에 따라 수익을 인식하는 건설업이나 조선사 같은 경우에는 업종 특성상 공사누적수익보다 공사대금청구액이 더 많이 발생하는 경우가 있는데 이때 '초과청구공사'라는 부채 항목이 인식되게 된다. 내용이 좀 복잡한 관계로 자세한 설명은 생략하고 간단히 말하면 나중에 받을 공사대금을 미리 청구한 계정 정도로만 이해하기 바란다.

이러한 초과청구공사 계정과목도 회사 입장에서는 미래에 현금이 유출되는 부채가 아니라 공사가 정상적으로 잘 진행되면 자연스럽게 없어지게 되는 부채이다. 따라서 초과청구공사도 선수금과 동일하게 부채비율이 높게 표시되는 왜곡현상이 나타날 수 있다.

(2) 부채비율이 낮은 경우

부채비율이 낮은 경우에는 보통 안정성이 양호할 가능성이 높다. 하지만 이때에도 생각해 볼 부분이 있는데, 회사가 니무 안정적으로만 운영을 하여 수익성이 낮아지는 상황이 될 수도 있다.

즉, 기업이 충분한 투자기회가 있음에도 불구하고 안정적인 경영을 위해 은행차입 등을 피하고 자기자본만으로 투자를 한다면 자금조달에 한계가 있을 수밖에 없으며, 그만큼 투자기회를 놓쳐 수익성이 저하될 수도 있는 것이다.

차입금의존도

차입금의존도는 이자비용이 발생되는 부채인 장·단기차입금, 사채 등을 총자산으로 나누어서 계산하는데, 일반적으로 낮을수록 안정성이 양호한 것으로 평가된다.

$$차입금의존도 = \frac{사채 + 장단기차입금}{총자산} \times 100$$

부채비율은 부채를 자본으로 나누어서 산정하다 보니 이자비용이 발생되지 않는 부채들도 부채비율에 포함이 되는 반면에, 차입금 의존도는 이자비용을 발생시키는 대표적 부채인 차입금과 사채를 총자산과 비교하여 계산하게 된다. 따라서 회사가 부담하는 실질적인 금융비용에 대한 부담 정도를 파악하기 용이한 비율지표가 된다.

차입금의존도가 높은 회사일수록 아무래도 금융비용의 부담이 커지게 되어 수익성이 낮아지게 될 것이며, 회사의 안정성 측면에서도 불리하게 된다. 하지만 동일한 차입금을 보유한 회사라도 회사의 신용도나 담보의 보유현황에 따라 차입금 등에 대한 약정조건이 다를 것이기 때문에 단순히 차입금의존도만을 놓고 분석을 하기보다는 부채비율이나 차입금의존도, 차입이자율 등을 종합적으로 살펴보아야 올바른 분석을 할 수 있을 것이다.

이자보상비율(이자보상배율)

이자보상비율은 영업이익을 이자비용으로 나누어서 계산하는데 숫자가 높을수록 양호한 것으로 평가된다. 회사의 이자부담능력을 측정하는 지표로 많이 사용한다.

$$이자보상비율 = \frac{영업이익}{이자비용}$$

이자보상비율은 회사가 영업을 통해 창출한 영업이익으로 이자비용(금융비용)을 얼마나 감당할 수 있는지를 보여주는 지표로서, 이 이자보상비율이 1이면 영업활동에서 창출한 돈을 이자지급비용으로 다 쓴다는 의미이다. 이자보상비율이 1보다 클 경우 해당 회사는 자체 수익으로 이자비용을 충분히 부담하고 추가 이익도 낼 수 있다는 사실을 의미한다.

하지만 이자보상비율이 1보다 낮게 되면 기업이 영업활동으로 창출한 이익을 가지고 대출금이나 회사채에 대한 원금상환은 고사하고 이자비용조차 감당할 수 없는 상태를 의미한다. 즉, 이자를 지급하기 위해 또다시 자금을 차입한다든지 주주들에게 출자를 받아야 하는 상태인 것이다. 당연히 회사의 안정성이 떨어질 수밖에 없으며 이러한 상태가 지속되면 회사의 존립 자체가 힘들게 된다.

활동성비율은 기업에 투하된 자본이 얼마나 활발하게 효율적으로 잘 운영되었는지를 나타내는 재무비율이다. 활동성비율은 기업이 보유하고 있는 자산항목들의 보유정도에 대한 적정성이나, 보유한 자산을 어느 정도 잘 활용하고 있는지를 알아보기 위해 살펴야 하는 비율들이다.

또한 활동성비율 등을 통해 자금의 운용이나, 재고자산이나 매출채권 등의 자산을 현금화할 때 필요한 회전속도를 파악하는 데 사용할 수도 있다.

활동성분석에서 사용되는 대표 비율들은 다음과 같다.

분석지표	산식
총자산회전율	$\dfrac{\text{매출액}}{(\text{기초자산} + \text{기말자산}) \div 2}$
매출채권회전율	$\dfrac{\text{매출액}}{(\text{기초매출채권} + \text{기말매출채권}) \div 2}$
재고자산회전율	$\dfrac{\text{매출액 or 매출원가}}{(\text{기초재고자산} + \text{기말재고자산}) \div 2}$
유형자산회전율	$\dfrac{\text{매출액}}{(\text{기초유형자산} + \text{기말유형자산}) \div 2}$
매입채무회전율	$\dfrac{\text{매출액 or 매출원가}}{(\text{기초매입채무} + \text{기말매입채무}) \div 2}$

총자산회전율

총자산회전율은 회사가 보유한 자산의 효율적인 사용 정도를 파악하기 위해 분석하는 지표이다. 회사는 사업을 영위하기 위해 자산들을 확보하게 되는데, 이렇게 확보한 자산을 최대한 효율적으로 활용해서 이익을 극대화시켜야 한다. 동일한 자산을 보유하고 있다 하더라도 활용 정도에 따라 기업의 가치는 완전히 달라질 수 있다. 총자산회전율은 매출액을 평균총자산으로 나누어서 계산하는데 보통 높을수록 양호한 것으로 평가된다.

$$\text{총자산회전율} = \frac{\text{매출액}}{(\text{기초자산} + \text{기말자산}) \div 2}$$

총자산회전율은 보유한 자산이 매출에 얼마만큼 기여했는가를 의미하기도 한다. 총자산회전율이 높다는 것은 동일한 자산규모에 비해 매출액이 많다는 의미이다.

따라서 총자산회전율을 이용하여 회사가 보유한 자산규모 대비 적정 매출수준을 유지하고 있는가를 평가할 수 있으며, 일정 매출규모의 회사가 어느 정도의 자산을 유지하고 있는가를 평가할 수도 있다.

매출채권회전율

매출채권회전율은 매출액을 평균매출채권으로 나누어서 계산하는데 매출채권의 규모를 매출액과 비교하여 매출채권이 적절하게 회수가 잘되고 있는지를 분석하는 분석지표이다.

$$\text{매출채권회전율} = \frac{\text{매출액}}{(\text{기초매출채권}+\text{기말매출채권}) \div 2}$$

일반적으로 매출채권회전율이 높다는 것은 매출채권의 보유정도 대비 매출액이 많이 발생한다는 의미이다. 따라서 일반적으로 회사의 상황이 양호한 것으로 평가된다. 매출채권은 회사의 주요 자산인 만큼 매출채권회전율은 분석할 때에도 몇 가지 유의사항이 존재한다.

(1) 매출채권회전율이 너무 높은 경우

매출채권회전율이 과도하게 높은 경우라면 해석에 유의를 할 필요가 있다. 매출채권회전율이 매우 높다는 것은 매출채권의 보유정도가 매우 낮다는 것을 의미하는데, 그 원인이 엄격한 신용정책의 결과는 아닌지 생각해 볼 필요가 있다.

예를 들어 회사가 현금판매만을 고집하든가 외상매출의 경우에도 빠른 시간 내에 대금회수를 한다면 매출채권회전율이 매우 높게 나올 수 있는데, 이러한 것은 오히려 수익성에는 안 좋은 영향을 미치는 것일 수도 있다. 다시 말해 매출채권 회수를 너무 빡빡하게 하는 것보다, 거래 상대방에게 신용을 부여하여 대금회수기일에 여유를 주게 되면 오히려 매출이 늘어날 수도 있는 것이다. 따라서 회사는 이러한 장단점을 고려하여 적절한 대금회수조건을 결정해야 할 것이다.

(2) 매출채권회수기간

매출채권회전율은 매출채권이 현금화되는 속도를 측정하는 지표로도 사용될 수 있다. 매출채권회전율이 높다는 것은 매출액에 비해 매출채권을 적게 보유한다는 것이고 이는 매출채권이 현금화되는 속도가 빠르다는 의미이다. 매출채권회수기간은 다음과 같이 계산된다.

$$\text{매출채권회수기간} = \frac{365일}{\text{매출채권회전율}}$$

매출채권회수기간은 말 그대로 회사가 외상으로 물건을 판매해서 발생한 매출채권이 회수가 될 때까지 걸리는 기간을 의미한다. 매출채권회전율이 전기보다 낮아지게 되면, 이를 분모로 가지고 있는 매출채권회수기간이 길어지게 된다. 예를 들어 회사가 매출채권을 회수하는 데까지 50일이 걸렸는데 이 기간이 100일로 길어지면 매출채권의 회수 가능성이 떨어지게 되며, 자금이 회수가 안되는 것에 대한 기회비용 등이 추가로 발생될 수 있다. 그렇기 때문에 매출채권회수기간이 길어진다는 것은 매출채권의 효율성이 떨어지게 되는 것을 의미한다.

재고자산회전율

재고자산회전율은 매출액이나 매출원가를 평균재고자산으로 나누어서 계산하게 된다. 재고자산은 회사가 주업을 위해 판매를 목적으로 가지고 있는 자산이다. 회사마다 이러한 재고자산에 대해 어느 정도 수준의 재고를 보유해야 하는지, 그리고 보유하고 있는 재고자산의 효율성에 대해 고민을 많이 하게 되는데 이때 재고자산회전율을 많이 분석하게 된다.

$$\text{재고자산회전율} = \frac{\text{매출액(or 매출원가)}}{(\text{기초재고자산} + \text{기말재고자산}) \div 2}$$

재고자산회전율은 매출액이나 매출원가 발생 대비 재고자산을 어느 정도 보유하고 있는지를 분석하는 비율이다. 재고자산을 많이 보유하고 있으면 재고자산의 진부화 가능성이 높아지게 되고, 재고관리비용이 발생되기 때문에 회사는 당연히 적은 재고로써 많은 매출을 발생시키고자 한다. 당연히 재고자산회전율은 높을수록 재고자산의 효율성이 좋은 것으로 해석할 수 있다.

다만 효율성을 너무 강조한 나머지 재고자산을 너무 적게 보유하게 되면, 갑작스런 판매의 기회가 발생할 때 적절하게 대응하지 못하는 문제가 발생할 수도 있다. 즉, 거래처에서 주문이 발생하였는데 재고자산을 너무 적게 가져가다 보면 납기일까지 판매를 하지 못하게 되는 경우가 발생할 수 있는데 이러한 경우에는 신용에 큰 문제가 발생하기 때문에 이런 부분들도 고려하여 어느 정도의 재고자산은 확보해야 한다. 또한 적정수준의 원재료를 보유하지 못한다면 설비자산 등을 다 갖추어 놓은 상황에서도 생산을 하지 못하는 등의 문제가 생길 수도 있기 때문에 적정재고수준을 확보하는 것은 상당히 중요한 문제가 될 수 있다.

재고자산회전율도 매출채권회전율과 마찬가지로 이를 응용하여 재고자산보유기간을 계산할 수도 있다.

$$재고자산보유기간 = \frac{365일}{재고자산회전율}$$

재고자산보유기간은 말 그대로 회사가 원재료나 상품, 제품 등 재고자산을 확보한 상태에서 이 재고자산이 판매가 될 때까지 어느 정도가 걸리는지 알아보는 지표이다. 재고자산회전율이 전기보다 낮아지게 되면, 이를 분모로 가지고 있는 재고자산보유기간이 길어지게 된다. 예를 들어 회사가 재고자산을 확보한 후 판매하는 데까지 50일이 걸렸는데 이 기간이 100일 정도로 길어지게 되면 재고자산의 보유에 따른 관리비용 등이 추가로 발생될 수 있고, 재고자산의 진부화가 발생될 수 있기 때문에 재고자산의 효율성이 떨어지는 것이다.

유형자산회전율

유형자산회전율은 매출액을 평균유형자산으로 나누어서 산정하게 된다. 유형자산회전율은 매출액 발생 대비 유형자산의 보유 정도를 파악하는 지표로써 높을수록 효율성이 높은 것으로 평가한다.

$$유형자산회전율 = \frac{매출액}{(기초유형자산 + 기말유형자산) \div 2}$$

유형자산회전율은 회사가 보유하고 있는 설비자산의 적정성 여부를 판단하는 지표가 될 수 있는데, 유형자산회전율이 높다는 것은 적은 규모의 설비자산을 최대한 활용하여 많은 매출액을 발생시켰다는 의미이다. 즉 설비자산의 가동률이 높다는 의미로 받아들일 수 있다.

하지만 반대로 매출액 발생 대비 설비투자가 부족하다고 생각해 볼 수도 있다. 즉, 추가적인 매출이 발생할 수 있는 가능성이 있는데 보유한 설비자산이 부족해 추가적인 매출을 발생시키지 못하는 경우에도 유형자산회전율이 높게 나올 수도 있기 때문에 이러한 부분도 잘 고려하여 유형자산회전율을 해석해 보아야 한다.

매입채무회전율

매입채무회전율은 매출액이나 매출원가를 평균매입채무로 나누어서 계산한다. 매입채무는 거래처로부터 원재료나 상품 등을 외상으로 매입하면 발생하게 되는 부채인데, 이러한 매입채무의 보유정도를 보는 지표가 매입채무회전율이다.

$$매입채무회전율 = \frac{매출액(or\ 매출원가)}{(기초\ 매입채무 + 기말매입채무) \div 2}$$

매입채무회전율은 다른 회전율과는 달리 보통 낮은 것이 회사 입장에서 양호한 것으로 평가된다. 매입채무회전율이 낮다는 것은 회사 입장에서 원재료나 상품 등의 매입대금을 늦게 준다는 의미이다. 이는 이를 응용한 산식인 매입채무결제기간을 보면 명확히 알 수 있다.

$$매입채무결제기간 = \frac{365일}{매입채무회전율}$$

매입채무회전율이 낮다는 것은 매입채무결제기간이 길다는 의미이기 때문에 회사 입장에서는 지급해야 할 자금을 최대한 늦게 줌으로써 자금의 효율성을 높여 주게 된다.

하지만 이러한 것은 어디까지나 자금의 활용성 측면에서 생각해 본 것이다. 매입채무의 결제를 늦게 해준다는 것은 다시 말해 거래처에게 지급해야 할 매입대금을 늦게 준다는 것을 의미한다. 따라서 최근에 많이 강조가 되고 있는 윤리경영의 측면에서 본다면 거래처에게 부당하게 자금의 압박을 주는 일이 될 수도 있는 것이다.

그렇기 때문에 사업 관행상 인정되는 수준 이상으로 무리하게 매입채무결제기간을 길게 가져가는 것은 상생 측면이나 기업의 이미지 측면에서 지양해야 할 수도 있는 것이다.

얼마나 잘 버는지 알려주는 수익성비율

수익성비율은 기업의 수익창출능력을 보여주는 비율로서 회사의 영업성과에 대한 전반적인 상황을 보여준다.

매출액과 관련된 수익성비율은 손익계산서상의 각 항목들을 매출액에 대한 백분율로 표시함으로써 특정 수익, 비용항목과 매출액 사이의 관계를 평가하는 것이며, 기업의 수익창출활동들을 위해 사용된 투자자금에 대한 수익성 척도를 분석하는 총자산순이익률(ROA)과 자기자본순이익률(ROE) 등의 지표들이 있다.

수익성분석에서 사용되는 대표 비율들은 다음과 같다.

분석지표	산식
매출총이익률	$\dfrac{\text{매출총이익}}{\text{매출액}} \times 100$
영업이익률	$\dfrac{\text{영업이익}}{\text{매출액}} \times 100$
당기순이익률	$\dfrac{\text{당기순이익}}{\text{매출액}} \times 100$
총자산순이익률	$\dfrac{\text{당기순이익}}{\text{총자산}} \times 100$
자기자본순이익률	$\dfrac{\text{당기순이익}}{\text{자기자본}} \times 100$

매출총이익률

매출총이익률은 매출총이익이 매출액에서 치지하는 비율을 알아보는 지표이다. 기업이 제품을 생산하고 이를 판매함으로써 얻게 되는 이익을 측정하는 지표가 된다.

$$\text{매출총이익률} = \frac{\text{매출총이익}}{\text{매출액}} \times 100$$

매출총이익률은 보통 높을수록 양호한 것으로 평가된다. 매출총이익률은 매출원가율에 따라 결정이 된다. (1 - 매출총이익률)을 한 것이 매출원가율이기 때문이다. 매출총이익률이 높다는 것은 다시 말해 매출원가율이 낮다는 것인데, 동일한 매출액 대비 제조원가가 적다는 의미이다.

매출원가율은 원재료비의 가격에 영향을 많이 받게 되는데, 원재료비는 업황이나 원자재 가격 변동에 따라 변하기 때문에 매출원가율이나 매출총이익률은 주기적으로 변화할 수 있다.

따라서 매출총이익률이 높다는 것은 제품에 대한 생산성이 양호하고 판매하고 있는 제품의 경쟁력이 높아 판매가격이 높다는 의미로 받아들일 수 있다.

또한 매출총이익률은 회사가 어떠한 전략을 사용하는지에 따라 같은 업종이라도 차이가 발생하게 된다. 예를 들어 같은 의류업이라도 명품 의류 같은 경우에는 고급화 전략을 사용하여 매출총이익률이 높게 나타나겠지만, SPA브랜드의 경우에는 박리다매 전략을 사용하여 매출총이익률은 낮은 대신 판매량에 집중할 수도 있는 것이다. 따라서 매출총이익률을 통해 회사의 기본적인 방향성을 판단할 수도 있다.

영업이익률

영업이익률은 영업이익이 매출액에서 차지하는 비율을 알아보는 지표이다. 영업이익률은 기업의 영업활동에 대한 성과와 효율성을 측정하기 위하여 사용되며, 높을수록 양호한 것으로 평가된다.

$$영업이익률 = \frac{영업이익}{매출액} \times 100$$

매출총이익률이 생산활동에 관련된 이익률을 의미한다면, 영업이익률은 여기에 판매비와관리비용까지 차감한 영업활동 전체 결과의 이익률을 의미한다.

영업이익이 기업의 본업에 의한 이익을 의미하기 때문에 영업이익률은 기업의 본업에서 창출하는 수익률로 기업의 본질적인 사업에 대한 수익성을 파악할 수 있는 매우 중요한 척도가 된다. 또한 일회성 영업외손익이 반영되지 않았으므로 수익성을 판단할 때 가장 주의 깊게 살펴보아야 하는 지표이다.

영업이익률은 매출총이익률과 마찬가지로 사업구조에 따라 영업이익률의 수준이 달라지므로 절대적으로 기준이 되는 수치는 없다. 다만, 경쟁업체와의 영업이익률 비교를 통해 회사의 경쟁력을 따져보아야 할 것이다.

또한 영업이익률을 이해할 때에는 원가 구조에 대한 정확한 인식이 필요하다. 원가는 변동원가와 고정원가로 구분이 될 수 있는데 매출액이 늘어나게 되면 변동원가는 같이 증가하게 되나, 고정원가는 조업도 수준과 관계없이 일정한 금액이 발생하게 된다.

따라서 매출액 증가에 따라 영업이익이 증가될 뿐만 아니라 영업이익률 역시 상승하게 된다. 반대로 매출액이 감소하면 변동원가 역시 감소하지만 고정비는 조업수준과 무관하게 발생될 것이기 때문에 영업이익의 감소뿐만 아니라 영업이익률의 감소 역시 동반된다.

따라서 고정원가의 비중이 큰 기업의 경우 수익성의 개선을 위해서는 매출 증가에 신경을 많이 써야 할 것이다. 이처럼 영업이익률에 대한 분석은 기업의 원가구조에 대한 이해와 판매활동, 생산활동 및 구매활동 등 여러 가지 요소를 고려하여야 정확한 분석이 가능하다.

당기순이익률

당기순이익률은 당기순이익이 매출액에서 차지하는 비율을 알아보는 지표이다. 당기순이익은 회사의 최종 손익인 만큼, 회사가 사업을 통해 창출한 최종 손익에 대해 전반적인 수익성을 파악하는 지표이다.

$$당기순이익률 = \frac{당기순이익}{매출액} \times 100$$

당기순이익은 회사의 주주에 대한 몫을 나타낸다. 당기순이익이 크다는 것은 결국 궁극적으로 주주에게 돌아가는 몫이 크다는 의미이기 때문에, 당기순이익률이 높다는 것은 매출액에서 주주에게 최종적으로 돌아가는 이익비율이 크다는 것을 의미한다.

다만 당기순이익은 회사의 최종 손익이기 때문에 일회성 손익인 영업외수익과 영업외비용이 포함된 이익이다. 따라서 유형자산의 처분이나, 투자자산 처분 등의 이슈가 발생하게 되면 그 변동성이 커지기 때문에 당해 연도의 당기순이익률만으로 기업의 수익률을 판단하게 되면 오류가 발생할 수 있다. 이러한 오류를 피하기 위해서 장기적으로 몇 년 동안의 당기순이익률의 체크가 필요하며, 매출총이익률, 영업이익률 등의 다른 수익성 지표를 함께 참고해야 한다.

총자산순이익률(ROA)

총자산순이익률은 총자산에 대비해 당기순이익이 얼마나 발생하였는지 알아보는 비율이다. 기업의 총자산은 타인자본과 자기자본으로 구분되는데, 자금의 조달원천과는 관계없이 기업의 총자산을 활용하여 이익을 얼마나 냈는지를 측정하는 것이다.

$$ROA = \frac{당기순손익}{평균총자산} \times 100$$

총자산순이익률은 뒤에서 나올 자기자본순이익률(ROE)과는 달리 기업 전체의 경영성과를 측정하기 위한 비율로 많이 활용한다.

총자산순이익률은 기업 관점에서 투자에 따른 수익률을 평가하는 방법으로도 사용될 수 있는데, 총자산순이익률을 분석하면 다음과 같이 구분이 된다.

$$ROA = \frac{당기순손익}{매출액} \times \frac{매출액}{평균총자산}$$

당기순이익을 매출액으로 나눈 지표는 당기순이익률이며, 매출액을 평균총자산으로 나눈 지표는 총자산회전율이다. 결국 총자산순이익률은 당기순이익률에 총자산회전율을 결합하면 산출되는데, 총자산순이익률을 높이기 위해서는 매출에 대한 수익성을 높이거나, 자산의 회전율을 높여 효율성을 높이면 된다.

총자산순이익률이라는 지표가 가지는 중요한 관점 중에 하나는 회사의 실적을 단순히 손익계산서만을 이용하지 않고 자산의 관리 측면까지 같이 고려하였기 때문이다. 수익성에다가 자산의 효율적인 활용 정도를 같이 분석하는 지표이다 보니 기업을 보다 폭넓은 관점에서 바라볼 수 있게 된다.

자기자본순이익률(ROE)

자기자본순이익률은 총자본에 비해 당기순이익이 얼마나 발생하였는지 알아보는 비율이다. 총자산순이익률이 당기순이익을 총자산으로 나눈 반면에 자기자본순이익률은 당기순이익을 주주에 대한 몫인 자본으로 나눈 지표이다.

$$ROE = \frac{당기순손익}{평균자기자본} \times 100$$

주주는 경영자에게 회사에 대한 경영을 위탁한 후, 경영의 최종 결과물인 당기순이익을 가져가게 된다. 따라서 주주가 경영자를 평가할 때 자기자본순이익률을 많이 활용하게 된다.

보통 자기자본순이익률은 회사의 규모가 커지면 떨어지게 된다. 예를 들어 100억 원을 투자하여 100억 원의 이익을 달성한 것과, 1,000억 원을 투자하여 1,000억 원의 이익을 달성한 것은 수익률 측면에서 모두 100%의 수익을 달성한 것이다.

하지만 후자가 훨씬 더 달성하기 어려운 과제이다. 투자를 할 때 당연히 수익성이 좋은 사업부터 진행을 할 것이기 때문에 나중에는 수익성이 좋지 않은 사업들이 남아 있을 가능성이 높고, 당연히 전체적인 수익성은 떨어질 수밖에 없기 때문이다.

얼마나 커졌는지 알려주는 성장성비율

성장성지표는 기업의 매출액이나 자산 등이 전기 대비 얼마나 증가 혹은 감소했는지를 측정하는 지표이다. 말 그대로 기업이 얼마나 커나가고 있는지를 분석하는 지표이다.

성장성지표는 미래 기업의 잠재력이 얼마나 될 것인지를 측정할 수 있는 중요한 재무비율이다. 하지만 기업의 성장성이 높다는 것은, 기업의 규모가 커진 만큼 설비투자나 영업활동을 위한 운전자금이 추가적으로 발생될 수 있다는 의미이기도 하다. 따라서 안정적인 자금 확보 등을 얼마나 할 수 있는지 확인하기 위해 성장성비율뿐만 아니라 안정성비율이나 수익성비율을 같이 분석해야 한다.

성장성분석에서 사용되는 대표 비율들은 다음과 같다.

분석지표	산식
총자산증가율	$\dfrac{\text{당기말총자산} - \text{전기말총자산}}{\text{전기말총자산}} \times 100$
매출액증가율	$\dfrac{\text{당기매출액} - \text{전기매출액}}{\text{전기매출액}} \times 100$
재고자산증가율	$\dfrac{\text{당기재고자산} - \text{전기재고자산}}{\text{전기재고자산}} \times 100$
유형자산증가율	$\dfrac{\text{당기유형자산} - \text{전기유형자산}}{\text{전기유형자산}} \times 100$
당기순이익증가율	$\dfrac{\text{당기순이익} - \text{전기순이익}}{\text{전기순이익}} \times 100$

총자산증가율

총자산증가율은 전기 대비 총자산의 증가율을 알아보는 것으로 기업의 전반적인 성장 정도를 측정하는 데 사용할 수 있는 지표이다.

$$\text{총자산증가율} = \dfrac{\text{당기말총자산} - \text{전기말총자산}}{\text{전기말총자산}} \times 100$$

일반적으로 총자산증가율이 높으면 성장성이 높고 회사가 계속 커나가는 상황으로 생각한다. 하지만 무조건 총자산증가율이 높다고 해서 기업의 상황이 무조건 좋은 방향으로 가는 것은 아닐 수도 있다. 만약 자산이 증가하는 원인이 외부에서 자금을 차입하여 발생하는 것이라면, 안정성 측면에서는 안 좋은 상황일 수도 있기 때문에 총자산증가율을 해석할 때에는 여러 가지 경우를 생각해야 한다.

(1) 자산이 증가하는 경우

회사의 자산이 증가하였다는 것은 대차평균의 원리에 따라 부채항목이 증가하였든지, 아니면 자본이 증가하였다는 것을 의미한다.

만약 자산의 증가가 자본이 증가하여 이루어졌다면, 일반적으로 볼 때 회사의 상황이 좋아지는 방향일 가능성이 높다. 자본이 증가하였다는 것은 주주들이 추가적으로 자금을 투자하였든지, 아니면 이익이 발생하여 회사 내부에 이익금이 쌓여서 자본이 증가할 수 있다.

이러한 경우 매출의 증감 여부를 같이 살펴보면 보다 정확한 분석이 될 수 있는데, 매출액이 증가하면서 자산이 증가하였다면 회사의 영업이 활발하게 이루어지는 과정에서 이익이 창출되고 이러한 이익들이 회사의 자산증가에 영향을 미치게 되는 것으로 해석할 수 있다.

하지만 자산의 증가가 부채의 증가로서 발생된 것이라면 생각을 잘 해볼 필요가 있다. 이러한 경우를 흔히 '차입경영'이라고 부를 수 있는데, 기업이 공격적으로 회사를 운영하면서 차입금을 조달하여 회사의 외형을 키우는 형태가 될 수 있다.

이러한 경우 회사가 원하는 대로 잘 운영이 된다면 투자한 원금 대비 큰 수익을 얻을 수도 있지만, 상황이 좋지 않은 방향으로 흘러가게 되면 안정성에 의문이 갈 수도 있는 상황이기 때문이다.

(2) 자산이 감소하는 경우

자산이 감소하는 경우는 자산증가와 마찬가지로 대차평균의 원리에 따라 부채항목이 감소하였든지, 아니면 자본이 감소하였다는 것을 의미한다. 이러한 경우에도 자산이 왜 감소하였는지 원인을 생각해 봐야 하는데 만약 자산이 부채의 감소로써 발생하였다면, 매입대금의 상환이나 차입금 등의 상환으로 발생될 가능성이 높다.

이러한 경우에는 비록 기업의 규모는 감소하였지만 기업의 재무구조는 오히려 좋아진 경우일 수도 있다. 왜냐하면 기업이 구조조정 과정에서 불필요한 자산을 매각하여 차입금 등을 상환하는 형태가 될 수 있기 때문이다. 비록 현재 기업의 규모는 감소하였지만, 재무구조의 개선을 통하여 추후 다시 성장할 수 있는 동력을 찾을 수도 있기 때문이다.

하지만 자산이 감소하게 된 원인이 자본의 감소로 인한 것이라면 상황이 좀 달라진다. 자본의 감소는 주로 영업적자 등으로 인해 손실이 발생하여 감소한 경우가 많기 때문이다. 만약 이런 경우에 매출액이 같이 감소하는 경우라면 일반적으로는 사업의 규모가 감소하고 기업이 쇠퇴하는 과정에서 영업의 악화로 인해 매출액이 감소하고 거기에 자금의 조달마저 힘들어서 보유한 자산을 매각하여 자금을 마련하고 이를 사업 등에 사용하는 경우가 될 수도 있다. 이러한 경우라면 기업의 전망이 매우 불투명할 가능성이 높다.

매출액증가율

매출액증가율은 총자산증가율과 더불어서 기업의 성장성을 보여주는 가장 중요한 지표가 되고 있다. 매출액증가율은 경영성과의 변화를 설명하는 대표적인 지표로서, 만약 동종업계 평균 매출액증가율보다 회사의 매출액증가율이 높으면 시장점유율이 확대되고 있다는 것을 의미하므로 기업경쟁력이 그만큼 향상되고 있다고 평가한다.

$$매출액증가율 = \frac{당기매출액 - 전기매출액}{전기매출액} \times 100$$

앞서 활동성비율을 분석할 때, 매출액이 증가하는 형태라면 대부분의 경우에서 기업의 경영환경이 개선되고 있다는 것을 확인하였다. 또한 기본적으로 회사가 이익을 창출하기 위해서는 매출액이 증가해야 한다. 지금 당장은 손실이 발생하더라도 활발한 매출 증대를 통해 회사의 공장 가동률을 높이고 이를 바탕으로 이익을 개선해 나아갈 수 있기 때문이다.

그렇기 때문에 많은 회사들이 거래처 확보에 사활을 걸고 다양한 영업활동을 통해 매출을 증대시키기 위한 활동들을 하는 것이다. 회사가 성장하려면 일단 매출은 증가시키고 볼 일이다.

재고자산증가율

재고자산증가율은 이익창출의 기본적인 원천이라 할 수 있는 재고자산의 증감을 나타내는 비율이다.

$$재고자산증가율 = \frac{당기재고자산 - 전기재고자산}{전기재고자산} \times 100$$

모든 비율분석지표들이 그렇겠지만, 재고자산증가율 역시 해석에 주의를 기울여야 한다. 회사는 판매 또는 물건을 만들기 위해 재고자산을 보유해야 하지만, 재고자산은 그 자체만으로도 재고자산을 유지하는 데 비용이 발생되며 또한 투자금액에 대한 기회비용이 발생된다. 게다가 재고자산이 오랜 기간 동안 판매가 되지 않는다면 재고자산이 진부화 될 수도 있기 때문이다.

따라서 재고자산이 증가하고 있다는 것이 무조건 기업에게 유리한 현상이라고 보기는 힘들다. 매출이 증가함에 따라 기업이 재고자산을 미리 확보하는 측면에서 증가시킨 것이라면 상황이 좋을 가능성이 높다. 하지만 판매부진으로 인하여 재고자산이 증가한 것이라면 오히려 상황이 안 좋은 것이다. 따라서 재고자산회전율 등을 같이 참고하여 분석을 해주어야 한다.

유형자산증가율

유형자산증가율은 기업의 생산설비에 대한 투자 정도를 측정하는 재무비율이다.

$$유형자산증가율 = \frac{당기유형자산 - 전기유형자산}{전기유형자산} \times 100$$

유형자산은 토지, 건물, 기계장치 등으로 이루어지는데 경영자가 이러한 유형자산에 투자를 한다는 것은 이러한 투자들을 바탕으로 회사의 외형을 키워 미래의 매출액을 증가시키겠다는 기대를 가지고 투자를 하는 것이다.

따라서 유형자산증가율은 기업이 얼마나 미래를 위해서 투자를 하는지를 볼 수 있는 지표이며, 미래 매출이 얼마나 증가할 가능성이 있는지를 예측하는 데도 활용할 수 있는 지표이다.

다만, 기업이 유형자산에 대하여 투자나 매각을 하지 않더라도 유형자산증가율은 (-)값이 나올 수 있는데, 유형자산은 사용함에 따라 감가상각비가 발생되어 회계상의 장부금액이 감소하게 되기 때문이다. 따라서 기업은 현상유지를 위해서라도 최소한의 설비투자는 해야 하며 유형자산증가율이 '0%'라면 감가상각으로 인한 유형자산의 감소액만큼 재투자를 하고 있음을 의미한다.

기순이익증가율

당기순이익증가율은 기업의 영업·투자·재무·세무활동 등 모든 활동이 반영된 최종 손익인 당기순이익이 전기 대비 얼마나 증가하였는지를 분석하는 지표이다. 당연히 높을수록 회사의 상황이 양호한 것이다.

$$\text{순이익증가율} = \frac{\text{당기순이익} - \text{전기순이익}}{\text{전기순이익}} \times 100$$

당기순이익은 최종적인 손익이면서, 회사의 주주들이 가져가게 되는 몫을 의미한다. 따라서 당기순이익이 증가하고 있다는 것은 주주 관점에서 효율적인 투자가 이루어졌다는 것을 의미하며, 주주의 수익률이 높아지는 것으로 해석할 수 있다. 따라서 당연히 주주들이 매우 관심을 가지는 지표이며, 회사 입장에서도 회사의 실질적인 주인인 주주를 만족시켜야 하는 측면에서 신경을 써야 하는 지표이다.

재무비율 분석 시 고려사항

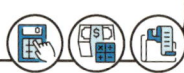

재무비율 분석은 계산 자체가 그렇게 어렵지 않으면서도 생각보다 유용한 정보들이 많이 산출되기 때문에 많은 부분에서 활용이 되고 있다. 하지만 이러한 재무비율 분석은 기업경영 분석의 한 방법일 뿐 절대적인 분석은 아닐 수도 있다.

기업경영 분석은 단순히 몇몇 비율에 의해서만 이루어지는 것은 아니므로 기업에 대한 종합적인 평가 및 이해를 위해서는 비율분석을 바탕으로 재무제표의 주요 계정과목의 구성이나 변화 내용들도 꼼꼼히 살펴볼 필요가 있다. 또한 비율분석을 할 때에도 다음과 같은 유의사항들을 꼭 염두해 두어야 한다.

재무제표는 과거의 정보이다

재무제표가 기업의 과거 상황을 반영한 정보라는 점이 재무제표 자체가 가지는 근본적인 한계점이다. 12월 결산법인의 경우에는 통상 2월이나 3월경에 결산을 통해 재무제표를 확정하고 공시하게 된다. 따라서 재무제표는 과거의 기업정보를 다루고 있기 때문에 기업의 현재 재무상황에 대한 정보를 실시간으로 제공하는 것은 아니다. 물론 이러한 정보제공의 한계를 극복하기 위해 상장회사의 경우에는 분·반기 재무제표를 공시하고 있지만 과거 정보를 다루는 한계점을 벗어나기는 힘들다.

비재무정보의 활용

재무비율은 수치화되어 있는 재무제표를 활용하기 때문에 객관적이며 명확한 분석을 하게 되는 장점이 있다. 하지만 기업의 모든 상황을 재무적인 숫자로써는 표현할 수 없으며, 때로는 숫자로서 표현되지 않는 비재무정보가 더 중요한 경우도 있다. 따라서 경영을 분석할 때 계량화된 재무비율 이외에 비재무적인 측면에 대한 분석도 반드시 필요하다.

대표적인 비재무정보로는 경영자의 경영철학이나 마인드, 경영전략, 기업의 조직문화, 종업원의 숙련도, 기술 보유정도, 노사관계와 종업원 만족도 등이 있다.

평가목적

재무비율 분석은 분석을 하는 평가자의 목적에 따라 분석 내용이 달라질 수 있다. 예를 들어 기업에게 자금을 대출하는 은행의 입장이라면 대출원금과 이자의 안정적인 회수가 가장 중요할 것이다. 따라서 이 경우에는 회사의 안정성 분석과 수익성 분석 등이 중요할 것이다.

투자자의 입장에서 분석을 하면 안정성도 중요하지만 기업의 성장가능성이나 수익성에 대한 분석이 더욱 중요한 요소가 될 수 있다.

거래처에 대한 분석을 하는 입장이라면 외상매출금의 회수가 중요할 것이기 때문에 회사의 재무적인 안정성과 현금흐름 분석 등이 중요한 분석항목이 될 것이다.

따라서 재무비율 분석은 분석 목적에 따라 중요시하는 분석 내용을 달리하여야 상황에 맞는 적합한 평가를 할 수 있게 된다.

재무제표 쉽게 읽기

Part

8

회계정보를
활용해 보자

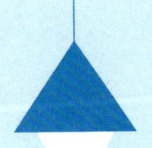

어제와 똑같이 살면서
다른 미래를 기대하는 것은
정신병 초기증세이다.

- 알버트 아인슈타인 -

초보를 위한
재무제표 분석법

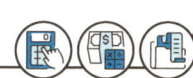

지금까지 책을 쭉 읽어준 독자 여러분께 우선 감사의 말씀을 드린다. 여기까지 읽은 독자라면 이제 재무제표가 무엇인지에 대한 기본적인 감은 잡은 상태라고 생각할 수 있다.

하지만 막상 이 상태에서 실제 회사의 재무제표를 주고 분석을 해 보라고 하면 어디서부터 뭘 어떻게 해야 할지 막막할 수 있다. 그런 이들을 위해 재무제표 분석을 어떻게 시작해야 하는지 알려주고자 한다. 물론 이것은 어디까지나 가이드라인일 뿐 정답도 아니고, 때로는 다른 식으로 재무제표를 접근하는 것이 더욱 효과적일 수 있다. 다만, 재무제표 분석이 익숙하지 않은 사람들에게 참고용으로 가이드라인을 제시하는 것 정도로 가볍게 받아주시면 좋을 것 같다.

다음은 초보 분석가들을 위한 접근 단계이다.

- 1단계: 감사보고서의 감사의견을 확인한다.
- 2단계: 단기적인 자금사정에 대해 확인한다.
- 3단계: 장기적인 안정성(재무구조)을 확인한다.
- 4단계: 매출채권, 재고자산 등 주요자산의 효율성을 검토한다.

- 5단계: 손익계산서를 통해 회사의 수익성을 검토한다.
- 6단계: 현금흐름을 체크한다.
- 7단계: 추가로 재무제표의 주석사항을 확인한다.

[1단계] 감사보고서의 감사의견을 확인한다

회계감사를 받은 재무제표의 경우 감사보고서를 찾아보고 감사의견을 우선 확인해야 한다. 만일 감사의견이 적정이 아닌 경우에는 더 이상의 분석이 의미 없을 수 있다.

앞서 언급하였듯이 일정 규모 이상 되는 회사들은 법적으로 재무제표에 대해 회사의 외부전문가들에게 재무제표를 검증받는 절차로서 회계감사가 이루어지고 있다.

감사의견이 적정이 아니라는 것은 이 검증절차에서 일정 기준을 충족하지 못하여 재무제표의 신뢰성이 떨어진다는 것을 의미한다. 즉, 신뢰성이 떨어지는 재무제표를 바탕으로 분석을 하는 것은 아무 의미 없는 행위가 될 수 있다는 것이다.

물론 회계감사가 제 기능을 수행하지 못한다는 비판이 많이 있다. 한마디로 말하면 너무 쉽게 적정의견이 나간다는 의미이다. 해당업에 종사하고 있는 회계사의 일원으로서, 이러한 비판에 자유롭지 못한 현실에 통감을 하며, 열악한 감사환경에 대해 아쉬움이 남는 것은 사실이다.

하지만 회계감사의 신뢰성을 높이기 위한 회계업계의 자정노력이 계속 되고 있으며, 분명히 회계의 투명성이 높아지는 방향으로 가고 있는 것만은 분명한 사실이다.

[2단계] 단기적인 자금사정에 대해 확인한다

본격적으로 재무제표를 분석하는 단계이다. 회사를 분석할 때 많이 사용하는 기준 중에 우선 단기적인 안정성을 파악해 보는 것이다.

이를 확인하기 위해 우선 재무상태표에서 유동비율을 살펴본다. 재무비율 분석에서도 언급하였듯이 유동비율은 유동자산과 유동부채의 크기를 단순 비교하는 것이다. 이 유동비율이 100%보다 낮다면 일단은 안정성을 좀 더 유의 깊게 살펴보아야 한다. 이를 분석하기 위해 다른 안정성 지표를 살펴볼 수도 있지만, 필자의 경우에는 세부적인 계정과 목들을 보면서 실질적인 유동성이 얼마쯤 될 것인지를 파악하는 식으로 접근한다. 유동자산과 유동부채에서 차지하는 비중이 높은 계정을 파악하여 위험성을 살피고, 전기 대비 증감이 많은 항목에 대해 이유를 분석해야 한다.

즉, 현금 및 현금성자산의 규모를 살펴보고, 자금의 여유가 있는 경우 보유하게 되는 장단기금융상품 등의 규모를 확인한다. 그러면서 해당되는 주석항목을 같이 찾아보고 사용제한으로 묶여 있는 자금이 얼마인지를 같이 확인한다.

만약 현금 및 현금성자산이나 장단기금융상품 등이 사용이 제한된 금융상품 등으로 되어 있으면, 해당 부분은 유동성으로 파악하기 힘들 것이다.

마찬가지로 부채항목들 중에서 단기적으로 자금이 유출될 가능성이 높은 자금들을 파악해본다. 대표적인 계정과목이 단기차입금, 단기사채, 유동성장기차입금 등이 있다. 이러한 항목들 역시 관련된 주석을 같이 참조해야 한다. 주석을 통해 약정조건이 어떻게 되는지, 만기조건은 어떻게 되는지를 파악하여 실제적으로 부담이 되는 자금들인지를 파악하기 바란다.

만약 단기차입금 등의 규모가 회사가 보유하고 있는 유동성보다 월등히 많으며 차입에 대한 약정조건 역시 좋지 못하다면, 손익계산서를 보면서 회사가 사업을 통해 창출한 이익인 영업이익으로 자금사용에 대한 대가인 이자비용을 충당할 수 있는지 파악해 보자. 즉 이자보상비율이 1보다 큰지를 확인해 보는 것이다. 사업을 통해서 지급해야 할 이자 이상의 영업이익을 달성하고 있다면 이러한 채무는 연장될 가능성이 높기 때문이다.

하지만 이자보상비율마저 1보다 낮은 경우라면, 현금흐름표 등을 참조하여 어떤 방법으로 이를 해결해 왔는지 파악하고 계속해서 유지가 가능한 방법인지를 확인해 봐야 할 것이며, 이런 모든 항목들이 다 충족이 되지 못한다면 안정성에 대해 의문을 가져보아야 한다.

[3단계] 장기적인 안정성(재무구조)을 확인한다

단기적인 안정성을 확인하였다면, 이제는 장기적인 안정성을 확인하기 위해 재무구조를 파악해 볼 차례이다.

재무구조를 파악하기 위해 많이 사용할 수 있는 지표가 바로 부채비율이다. 자금조달의 구성 비율을 나타내는 부채비율을 통해 회사가 필요한 자금을 어떤 식으로 확보하였는지 확인해 보고, 회사의 부채비율을 동종업계 혹은 경쟁사와 비교하고, 전년 대비 증감을 살펴본다.

그러한 이후에 부채와 자본에서 차지하는 비중이 높은 계정과목을 파악하여 건전성을 살피고, 전기 대비 증감이 많은 항목에 대해 이유를 분석해 본다.

그리고 부채 중 이자비용이 발생되는 부채가 차지하는 비율(차입금의존도)을 살피고 차입처, 이자율, 만기 등 차입조건을 검토한다.

[4단계] 매출채권, 재고자산 등 주요자산의 효율성을 검토한다

다른 계정과목도 마찬가지지만 매출채권이나 재고자산 등 주요자산에 대해서는 분석 시 좀 더 세밀한 검토가 필요하다. 매출채권이나 재고자산 등은 양면성이 있을 수 있기 때문에 많다고 무조건 좋은 것이 아닐 수 있기 때문이다.

우선 매출채권을 분석할 때에는 전기 대비 매출채권의 증감을 확인해보고, 매출액의 증감 여부도 같이 확인해야 한다. 매출액이 증가되는 상태에서 매출채권이 증가하는 것은 회사의 영업활동이 활발히 일어나는 과정에서 발생되는 것이기 때문에 회사의 상황이 좋은 방향으로 가고 있는 것이다.

하지만 매출액이 증가하지 않는 상태에서 매출채권만 증가한다는 것은 매출채권을 회수하는 데 걸리는 기간이 길어지고 있다는 의미이다. 이를 확인하기 위해 매출채권회전율이나 매출채권회수기간 등을 확인해야 한다.

또한 매출채권은 대손충당금의 설정비율도 분석해 볼 필요가 있다. 매출채권은 발생보다 실제 회수가 되어 현금화가 되는지 여부가 중요하다. 대손충당금은 채권 중에서 회사가 판단할 때 회수가능성이 떨어지는 부분을 표시하는 계정이기 때문에 이 충당금의 설정비율이 높아지는 상황이라면 매출채권의 질이 좋지 못한 쪽으로 가고 있음을 의미한다.

재고자산도 마찬가지이다. 재고자산은 회사의 주업을 위해 보유하고 있는 자산이며 판매를 목적으로 가지고 있는 자산이다. 이러한 재고자산이 전기 대비 증가하였다면, 회사의 외형이 커지고 매출이 증가하는 상태에서 재고를 미리 확보하는 측면이 될 수도 있지만, 반대로 생산된 물건들이 판매가 안 되서 증가가 된 것일 수도 있기 때문이다.

따라서 재고자산 역시 매출액이 동반된 재고자산의 증가인지를 확인해야 하며, 이를 확인하기 위해 재고자산회전율이나 재고자산보유기간 등을 살펴보아야 한다.

[5단계] 손익계산서를 통해 회사의 수익성을 검토한다

결국 회사는 사업을 통해 돈을 많이 버는 것이 목적이다. 회사의 수익성을 분석하기 위해서는 손익계산서를 검토해야 한다.

손익계산서를 검토할 때, 우선 매출액의 증감 여부를 확인해야 한다. 일단 매출액이 증가한다는 것은 회사가 성장하고 있다는 것을 알려주는 가장 기본이 되는 신호이다. 기본적으로 회사는 계속 성장을 해 나가야 하며, 이를 파악하기 위해 우선 매출액의 증감현황을 파악할 필요가 있다.

그런 이후에는 각각의 이익단계를 확인해 보아야 한다. 우선 이익단계들 중에서 영업이익을 먼저 살펴보자. 영업이익은 말 그대로 회사의 주업에서 창출되는 이익이다 보니 그 의미가 상당히 중요하다. 단기적으로는 영업이익이 마이너스가 될 수도 있지만 이런 상황이 지속된다면 본업에서 계속 손실이 발생되는 상황이기 때문에 회사가 지속되기 힘들어질 수밖에 없다. 영업이익의 규모와 전기 대비 증감 등을 확인한 후 매출총이익이나 당기순이익들의 금액을 확인하여 회사의 전반적인 수익성에 대해 확인을 해야 한다.

[6단계] 현금흐름을 체크한다

현금흐름표는 회사의 자금 수급현황에 대해 직관적인 정보를 제공하는 재무제표이다. 현금흐름표를 통해 회사가 어떤 활동으로 현금을 확보하고 있으며, 확보된 현금을 어디에 사용하고 있는지에 대한 정보를 파악해야 한다.

기본적으로 정상적으로 운영되고 있는 회사의 경우 보통은 주된 사업에서 현금이 유입되어야 한다. 즉, 본업에 대한 활동인 영업활동 현금흐름에서 어느 정도의 현금이 유입되고 있는지 파악해야 한다. 반드시 그런 것은 아니지만, 이렇게 확보된 현금으로 미래를 위해서 투자를 하거나 재무구조를 좋게 만드는 활동(차입금 상환 등)으로 자금을 사용하는 것이 일반적인 현금흐름표의 양상이 될 것이다.

만약 영업활동 현금흐름이 마이너스라면 본업에서 현금이 유출되고 있다는 의미이다. 이런 경우라면 회사가 어떤 활동으로 자금을 확보하고 있는지 확인해 보아야 한다. 다시 말해 자금의 추가차입이나 증자 등의 재무활동으로 자금을 조달하고 있는지(재무활동 현금흐름), 유형자산이나 투자자산 등을 처분하여 자금을 마련하였는지(투자활동 현금흐름), 아니면 기존에 보유하고 있던 현금을 사용한 것인지(현금의 감소)를 현금흐름표를 통해 확인해 보자.

[7단계] 추가로 재무제표의 주석사항을 확인한다

회사의 재무제표를 분석하는 입장에서 사실 가장 난감한 것이 주석사항을 파악하는 것이다. 재무제표의 본문 즉, 재무상태표·손익계산서·현금흐름표·자본변동표 등은 전부 계정과목과 숫자로만 표기가 되어있기 때문에 정보를 제공하는 데 한계가 있을 수밖에 없다. 따라서 부족한 부분에 대해서는 주석을 통해 정보를 제공하고 있다.

문제는 이 주석의 양이 너무 많다는 점이다. 시간적인 여유가 많다면 주석을 처음부터 끝까지 확인해 보는 것이 좋지만 시간적인 여유가 부족하다면 최소한 다음 사항들은 주석을 통해 확인해 보길 권장한다.

- 현금 및 현금성자산, 금융상품: 사용제한 여부 확인
- 매출채권: 대손충당금의 비중
- 차입금 및 사채: 약정조건 및 만기조건
- 충당부채 및 우발부채의 내역
- 특수관계자와의 거래내역

분식회계는 기업이 재정 상태나 경영실적을 실제보다 좋게 보이게 할 목적으로 부당한 방법을 통해 자산이나 이익을 실제보다 좋게 표시하는 것을 의미하다.

재무제표는 경영자 입장에서 하나의 성적표처럼 생각할 수 있다. 기업이 얼마나 건전한 재무상태를 유지하고 좋은 경영성과를 내느냐에 따라 경영자에 대한 평가가 결정되는 경우가 많기 때문에, 경영자 입장에서는 가능하면 재무제표를 좋게 보여주고자 하는 유혹을 많이 받게 된다. 실제로 상장회사의 경우에는 주가를 관리하기 위한 목적이나, 은행 차입을 원활하게 하기 위하여 재무제표를 실제보다 좋게 표시하는 경우가 종종 발생한다.

분식회계가 우리 사회에 미치는 가장 큰 문제점은 바로 신뢰도 하락에 있다. 투자자들은 회사가 공시한 내용을 믿고 투자를 하게 된다. 만약 공시한 내용이 분식회계로 인해 실제 내역보다 좋게 표시되었다면, 기업 실적에 대해 신뢰성이 사라지게 되며, 심한 경우에는 믿고 투자하였던 회사가 갑자기 부실기업이 되는 경우가 발생한다.

우리나라의 경우 회계의 투명성에 대한 비판을 많이 받고 있는 상황이다. 즉, 외국의 투자자 입장에서 우리나라의 회계시스템에 대해 신뢰를 하지 않고, 재무제표에 대해 분식이 많이 있을 것이라고 생각하는 것이다. 이러한 현상 때문에 흔히 말하는 '코리아 디스카운트' 현상이 발생하게 된다.

이처럼 국가적 신용도가 하락하게 되면 외국에서 자금의 유입이 힘들어지고, 해외 기업들의 국내 투자 유치 역시 힘들어지기 때문에 국가적인 경쟁력 저하로 연결된다. 따라서 분식회계는 단순히 한 회사의 문제가 아니라 기업이나 주주, 국가 전체적인 문제이며, 단순히 양심의 문제가 아니라 경제적·법적인 문제 차원에서 접근을 해야 한다.

또한 많이 발생하는 분식의 유형들을 미리 알아봄으로써, 재무제표를 분석하는 입장에서 분식이 가져올 수 있는 효과에 대해 미리 파악을 해 볼 필요가 있다.

재무제표 분식의 목적

재무제표는 여러 가지 목적에 따라 분식이 발생한다. 재무제표의 분식은 재무제표를 이용하는 이용자를 속이기 위해 고의로 재무제표 항목들을 과대 또는 과소하게 표시하는 것이기 때문에 재무제표의 분식을 통해 회사가 얻으려는 목적이 무엇인지 미리 알아둘 필요가 있다.

(1) 회계이익에 기반한 경영자의 성과보상

기업에서 경영자에 대한 보상을 할 때, 회계상으로 발생하는 이익 또는 주가에 연동시키는 경우가 많다. 이는 자연스럽게 경영자로 하여금 회계이익을 분식하게 하려는 유인을 가져오게 된다.

경영자에 의한 회계이익 분식은 회계이익의 절대 금액을 조절하는 방식 이외에도, 절대 금액은 조절하지 않으면서 그 귀속연도를 이연시키거나 앞당기는 방식도 많이 이용하게 된다.

예를 들어 경영자가 새로 영입되거나 회사가 분사하게 되어 신설법인이 된 경우, 경영자가 첫 회계연도부터 높은 경영성과를 달성하기 힘들기 때문에 우선 경영을 맡은 첫 해에는 최대한 보수적으로 회계처리를 하여 손실을 앞당겨서 인식하고, 다음 해부터 경영성과를 양호하게 보고하여 추가 성과급을 받는 경우도 있을 수 있다.

(2) 금융기관으로부터 차입목적

금융기관은 신용분석을 통해 기업에게 대출을 할지 말지 여부와, 그에 따른 대출 금리를 결정하기 때문에 부채비율이 높은 기업은 차입금을 조달하기 위해서 또는 차입 금리의 인상을 방지하기 위해서 실제 경영성과보다 양호하게 재무제표를 분식할 유인이 있다.

(3) 신주발행을 통한 자본조달

기업이 유상증자 등을 통한 신주발행 시 경영성과가 악화되었다는 소식이 증권시장에 전해지면 신주발행을 통한 자본조달이 어려워지기 때문에 신주발행을 앞두고 해당 기업은 경영성과를 양호하게 분식하여 공시할 가능성이 존재한다.

(4) 조세회피

회사입장에서 이익은 무조건 많이 발생하는 것이 좋은 것일까? 단순하게 생각한다면 이익은 무조건 많이 발생하는 것이 좋을 것 같지만 꼭 그렇지만은 않다. 이익은 무조건 많이 발생하는 것보다 꾸준히 증가하는 것이 좋을 수도 있다. 이익이 너무 많이 발생하게 되면 당장은 좋을 수 있지만 다음 회계연도에는 그 이상의 실적을 달성해야 한다는 압박이 생길 수밖에 없다.

또한 이익이 과도하게 발생하면 그에 따라 납부해야 하는 세금의 규모가 커질 수도 있다. 따라서 기업은 이익이 너무 많이 발생하게 되면 오히려 그 이익의 규모를 줄이거나, 이익을 다음 회계기간으로 이연시킴으로써 세금을 줄이고자 시도할 가능성이 있다.

| 회계분식의 동기 |

실적 늘리기	경영 실적관리 및 경영실패 은폐 대외 신용도 유지 차입조건 개선 유리한 상거래 주가 관리 및 조작 인허가 조건 충족 성과급 상승 및 임기 연장
실적 줄이기	조세회피 회사 재산의 개인적 유용 비자금 조성 제품가격 인상 여건의 조성 이익배당 요구의 억제 독점이익에 대한 사회적 비난 예방

이익에 영향을 미치지 않는 분식유형

재무제표 분석으로 얻고자 하는 가장 일반적인 효과는 원래 상황보다 재무구조는 건전하게, 수익성은 양호하게 나타내는 것이다. 이렇게 나타내기 위하여 자산과 수익은 과대계상을 하려는 유인이 강하며, 부채와 비용은 과소표시하려는 유인이 강하다.

이때 당장의 이익에는 영향이 없지만 분식을 통해 재무구조를 건전하게 하려는 목적을 가지고 분식회계를 할 수 있다. 이에 대한 대표적인 유형은 다음과 같다.

(1) 자산·부채의 과소계상

기업의 유동비율이나 부채비율을 실제보다 양호하게 보이기 위해 주로 사용하는 분식방법이다. 예를 들어 유동자산이 50억 원이고 유동부채가 30억 원인 회사의 유동비율은 167%이다. 이 상황에서 유동자산과 유동부채를 각각 10억 원씩 줄여주면 유동자산이 40억 원, 유동부채가 20억 원이 되어 유동비율이 200%로 상승하게 된다. 이러한 분식을 사용하게 되면 회계상의 이익에는 영향이 없지만, 재무구조상으로는 기업이 훨씬 더 양호해 보이는 장점이 있다.

| 분식방법 |

- 외상매출금과 외상매입금의 상계
- 받을어음과 지급어음의 상계
- 선급금과 선수금의 상계
- 관계회사대여금과 관계회사차입금의 상계

<예시>

다음은 (주) 한국의 재무상태표이다.

현 금	100,000		매 입 채 무	200,000
매 출 채 권	300,000		미 지 급 금	300,000
원 재 료	200,000		자 본 금	300,000
기 계 장 치	450,000		이 익 잉 여 금	300,000
합 계	1,100,000		합 계	1,100,000

이 상황에서 매출채권과 매입채무를 각각 100,000원씩 과소계상하게 되면 유동비율 및 부채비율에 미치는 영향은 다음과 같다.

	분식 전	분식 후
유동자산	600,000	500,000
유동부채	500,000	400,000
유동비율	120%	125%
부채	500,000	400,000
자본	600,000	600,000
부채비율	83%	67%

(2) 유동성 분류의 분식

비유동자산을 유동자산으로 또는 유동부채를 비유동부채로 분류함으로써 유동비율 또는 당좌비율을 양호하게 보이도록 하기 위하여 사용되는 방법이다. 회사 입장에서는 안정성을 좋게 보이기 위해 유동성을 확보해야 한다. 그러기 위해서는 동일한 자산이라도 유동자산이 더 많은 것이 유동성에 도움이 될 수 있다. 그렇기 때문에 회계상으로 이익에는 영향이 없지만 유동성의 분류를 이용한 분식을 하는 경우가 종종 발생한다.

| 분식방법 |

- 장기금융상품을 단기금융상품으로 분류
- 유동성장기부채의 유동성 대체를 하지 않음.
- 단기차입금을 비유동부채로 계상

이익에 영향을 주는 분식유형

여러 가지 이유로 인해 회사의 이익을 증가 혹은 감소시켜야 하는 경우 재무상태표상의 자산과 부채에 영향을 주어 이익을 증가 혹은 감소시키게 되며, 결과적으로 자본항목 중 이익잉여금에 영향을 미치는 분식유형이다. 이 경우 재무상태표와 손익계산서가 동시에 왜곡표시가 되게 된다.

일반적으로 이익을 늘리는 방향의 분식이 많이 수행되므로 이에 대해 살펴보면, 이익을 늘리는 분식은 이익잉여금을 늘리는 효과를 가져와야 하므로 다음의 두 가지 방법이 동원된다.

| 자산의 과대계상 |

재무상태표

자산	부채
	자본
자산과대계상	이익

| 부채의 과소계상 |

재무상태표

	부채
자산	부채과소계상 = 이익
	자본

이처럼 이익에 영향을 주는 분식은 결국 자산과 부채를 이용하여 수익을 늘리는 분식을 하거나 비용을 줄이는 방법을 통해 분식을 하게 된다.

(1) 수익과 자산의 과대계상

수익을 과대계상하여 경영성과를 양호하게 하는 동시에 자산을 과대계상하여 재무구조의 건전성을 꾀하는 방법으로, 가장 일반적으로 사용하는 분식방법이다.

| 분식방법 |

- 매출과 매출채권을 가공으로 계상함.
- 다음 회계기간에 인식해야 할 매출을 당기에 계상함.

(2) 수익의 과대계상 및 부채의 과소계상

수익을 과대계상하고 동시에 부채를 과소계상하여 수익성 및 유동비율, 당좌비율 등을 실제보다 좋게 보이기 위해 사용하는 분식방법이다.

| 분식방법 |

- 선수금, 가수금 등 아직 수익인식시점이 아닌 부분을 매출로 계상함.
- 단기차입금을 현금 매출로 계상함.

(3) 비용의 과소계상 및 비유동자산의 과대계상

비용을 과소계상하거나 실제 발생한 비용을 비유동자산으로 분류하여 이익을 높이면서, 자산은 실제보다 많게 보이도록 하기 위하여 사용하는 방법이다.

| 분식방법 |

- 감가상각비 및 감가상각누계액 미계상
- 수선유지비를 유형자산의 취득가액으로 처리함.
- 비유동자산에 대한 감액손실 미인식

(4) 비용의 과소계상 및 유동자산의 과대계상

실제 발생한 비용을 유동자산으로 분류하여 이익을 늘리면서, 동시에 유동비율을 실제보다 양호하게 보이기 위하여 사용하는 방법이다.

| 분식방법 |

- 재고자산의 평가손실을 인식하지 않음.
- 대손충당금의 과소 설정
- 당기비용을 선급비용으로 처리

(5) 비용의 과소계상 및 부채의 과소계상

발생한 비용과 그에 대한 채무인 부채를 동시에 누락시켜 유동비율 또는 부채비율을 실제보다 양호하게 보이도록 하기 위해 사용하는 분식방법이다.

- 비용 및 미지급비용 누락

- 판매된 재고자산에 대한 매입 및 매입채무 기록 누락

- 당기 발생한 외주가공비 기록을 누락

■ 이창희 회계사

- 공인회계사(KICPA)
- 前 삼정회계법인 근무
- 前 삼일회계법인 근무
- 現 삼덕회계법인 근무

[강의]

- 재무제표분석실무, 기업회계실무, 원가계산 및 관리회계실무
  재무제표 쉽게 읽기, IFRS회계입문, 관리자 재무능력 향상과정 등
- 삼성전자, 현대자동차, 한화, SK, 롯데, 포스코 등 그룹사 회계 강의
- 금융감독원, 국세청, 관세청, 무역보험공시 경찰청 등 공공기관
  재무제표 분석 강의
- 서울회생법원 파산부 판사 대상 재무제표 분석 강의
- 하나은행, 신한은행, 국민은행 등 금융권 부실싱후 분석 강의
- 한국투자증권, 한화투자증권, 한국거래소 등 재무제표 분석 강의
- 삼성물산, 이마트, LG인화원, HMM, OCI 원가관리회계 강의

E-mail : chent@naver.com